Business Psychology

商业心理学

商场上的读心术

现代工商管理经典教材

陆洛　高旭繁‖著

经济管理出版社
ECONOMY & MANAGEMENT PUBLISHING HOUSE

序

撰写《商业心理学》这本书时，为了方便起见，取了个简称，叫"商心"。每次敲键盘时，它总会变成"伤心"。于是乎，本书就设定了"了解商心，让买方卖方都不伤心"的基调。日常生活中，商业行为比比皆是；有人的地方，就有心理学。但如何将两者结合，成为一本集"商业心理学"相关知识为大成的书，着实不容易。有别于其他相关书籍采用章节拼装的方式论述商业（消费者）行为与心理学成为商业心理学，本书在每个章节皆巧妙地将商业及心理学两者结合，此乃本书最重要的特色。

具体而言，本书12章，都在介绍相同商业行为的主题，并同时探讨其中涉及的心理学及营销方式。为了让读者从经营者及消费者的视角，通过穿梭于双重观点，游走于两种知识体系，立基于双重接口，深入了解商业心理学的迷人之处，本书特别设计了"商心达人"的专栏，并分别有"消费者篇"与"经营者篇"。读者一定能从中发现人是如何"换一个位置，就换一个脑袋"。当然，这样的巧思无非是希望读者都能达到理性消费及成功销售的双赢局面。

此外，书中的"商心小常识"能让您更深入了解某个专业论点；"商心案例"则介绍成功的销售经验。本书每章都设计了"课堂活动"，通过此活动，读者能更明了章节知识与日常生活的结合及其应用。同时，章末的习题可加深读者对知识的记忆，延伸阅读可协助读者深化相关知识。

从商业心理学的角度，身为消费者的你，此时应该思考是否需要买此书，它是否物超所值？而身为销售端的我们，可以保证此书"内容精实丰富，读来轻松易懂"。但我更想从知识传授者的角度而言：如果一本书能教你成为更聪明的消费者，既可以省下更多不必要的冤枉钱，又能让你在工作上更得心应手。那么，这样一件能化伤心为开心的事，你还犹豫什么？

陆洛　高旭繁

2013 年 6 月 27 日

于 101 Cafe

目　　录

1 商业心理学导论

商心开讲

"好烦喔！今天晚餐要吃什么？"可能是很多人常有的困扰。毕竟，每个人每天都要吃三餐，有些人可能还会加点心、下午茶及消夜。"民以食为天"，所以你应该也会注意到，不论是街上甚至是网络上，卖吃的商店或商品特别多。如饭、面、小吃；饮料、冰品、糖水；中餐、西餐、异国料理；零嘴、糕点、伴手礼；早餐、午餐、下午茶、晚餐、消夜……无所不卖。问题是：我们该选择吃什么呢？

读到这，不晓得你有没有发现一件事，关于吃这件事，消费者端与经营者端都在伤脑筋：一边要规划每天吃的不同、吃的健康；一边则希望消费者最好都来我家。这事绝不能"一人一把号——各吹各的调"，却也少不了"刘备曹操论英雄——各怀鬼胎"。对消费者而言，货品一定要"物美价廉"、"CP①值高";对经营者而言,"在商言商",获利当然是最高指导原则。若能达到双赢的策略,则是皆大欢喜。

不只是吃的问题,日常生活中与衣食住行育乐……相关的商业行为林林总总,所涉及的皆包含了消费者如何买及经营者如何卖的议题。因此,本书将从心理学的角度来解析所有的商业行为,带领大家理解消费者行为的本质;再转换到经营者的视角,寻求满足消费者的破解之道。反过来,我们也希冀消费者理解如何评估自己的需求,不被经营者花哨的手法所蒙蔽而在冲动购物后悔不当初。

所以,本书虽简称"商心",但目的是要让大家"买得开心,用得安心",同时"卖得安心,赚得开心",所以,就不会伤心啦!说到底,购买本书也是一种商业行为,我们保证,本书绝对是"物超所值",CP值很高的一本绝佳读物。把它当知识专研,或当小品赏析皆可,送礼自用两相宜。你还等什么,快把它买回家吧!

▶▶ 1.1 商业心理学的源起与内涵

1.1.1 商业心理学的源起

商业心理学,顾名思义是将心理学的知识运用到商业行为上。从历史的角度来看,心理学的源起最早可以追溯到古代希腊哲学家亚里士多德,他一直在思考生命的本质。亚里士多德用"心灵"(psyche)表示生命的本质,这个词是希腊文的"心灵"(mind)。而后来出现的心理学(psychology)就是亚里士多德所谓的心灵(psyche)加上希腊文的科学(logos)整合而成的,也就是指研究心灵的科学。1879年,德国心理学家冯德(Wilhelm Wundt,1832~1920)在莱比锡大学设立了有史以来的第一个心

---

① CP值,即"花费/价值"(Cost)与"价格/售价"(Price)之比,CP值>1,表示商品在你心目中的价值远高于物品的售价,也就是"物超所值";CP值<1,表示这个商品售价高于它的价值,名不副实;CP值=1,代表这个商品价值与价格刚好符合。

理实验室,以科学的方法来研究人类的行为,则是心理学真正的滥觞。

至于将心理学应用到商业领域,则可追溯到1903年。心理学家史考特(Walter Dill Scott, 1869~1955)受邀对一些芝加哥企业领袖演讲,之后陆续出版了《广告的理论》(The Theory of Advertising, 1903)以及《广告心理学》(The Psychology of Advertising, 1908)。书中内容主要揭示了心理学的理论如何影响人们的消费行为,以及广告运用的原理。

在第一次世界大战期间,心理学扮演了重要的角色,主要是开发了许多测验协助战争兵力的安排。因此,战后心理学也开始广泛应用到工商业界。其中最著名的当属宾汉(Walter Bingham, 1880~1952)于1919~1924年在"卡内基技能所"(Carnegie Institute of Technology)发展出"营销研究部"(The Bureau of Salesmanship Research),并以心理学的研究技术来解决企业界所遇到的问题。在这段时期,另一个有影响力的实体则是1921年由卡特尔(James Cattell, 1860~1944)所建立的"心理学公司"(Psychological Corporation)。该公司是以企业的方式来经营,并要求心理学家入股,卡特尔的目的是促进心理学对产业的用处,同时也成为信息的交换所。至今,它仍是美国最大的心理测验公司之一。第二次世界大战经济复苏后,心理学在工商业界的应用则更为普遍与广泛,也因此形成了许多应用心理学的次学科,包括工业与组织心理学、广告心理学、组织行为学、营销心理学、人力资源管理、消费者心理学以及商业心理学等。

1.1.2 商业心理学的内涵

就内容上,商业心理学包含了两大领域——消费者的心理以及营销者的心理。概言之,在商业活动中,营销者需要了解消费者的心理,才能让销售行为出奇制胜、无往不利;消费者则因为营销者的销售行为,购买到自己所要的商品。两者是相辅相成、交互循环的(如图1-1所示)。就消费者行为而言,我们须了解消费者的本质及其消费决策的历程;就营销者的行为而言,内容则包括营销的策略及广告的运用等内容。我们将在本章下面的节次中更详细地说明此两大领域的内容。

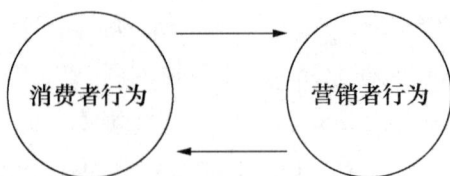

图 1-1　商业心理学的两大范畴

虽然商业心理学的两大领域是互相影响的，不过，两大领域对彼此的了解度却相当失衡。可能基于盈利的需求，营销者对消费者行为的理解远多于消费者对营销行为的理解；反之，消费者却不见得明白看似赚到了的消费行为却可能是营销者的噱头。也因此，消费者往往可能在一时冲动、不理性、无知甚至被欺瞒的情况下产生了消费行为。所幸，为了规范营销者从事"正当经营"的行为，官方及民间均有保护消费者的机构，别让自己的权益睡着了喔！

商心小常识

别让您的权益睡着了

"专柜品牌 SWISSWEDA 化妆品出问题，该品牌假冒瑞士品牌之名，全盛时期在全台百货市场有 30 多个柜点，不料代理商却以廉价原料自制后再高价卖出，造成消费者使用后脸部出现过敏反应。"（2012 年 10 月新闻）

"恒春的'觅静田'民宿，日前在全台旅展大肆贩卖住宿券，打出诱人的价格，四个人只要新台币 4000 元，附早、晚餐，送海生馆门票或其他活动，甚至还推出买一送一的优惠。不料买了住宿券准备前来度假的游客，到场后才发现负责人疑似卷款潜逃，只能另寻住处。只能说到旅展买住宿券要注意了，便宜不见得是好货。"（2010 年 8 月新闻）

上述内容，应该不觉得陌生吧！在上述消费陷阱或纠纷屡见不鲜的情形下，身为消费者的你，一定要知道保障自己的权益。中国台湾地方当局为监督与协调消费者保护事务之推动，以保障消费者权益，促进民众消费生活安全，并提升民众消费生活质量，即设有"消费者保护会"。该会的

任务如下：①

（1）消费者保护政策、计划、方案与相关措施之咨询审议。

（2）消费者保护法与相关子法订修之咨询审议。

（3）定型化契约模板与应记载及不得记载事项订修之咨询审议。

（4）消费者保护业务执行成果考核之咨询审议。

（5）消费者保护主管机关及机制之协调。

（6）重大消费议题之协调、因应及行政监督措施改进之研议。

（7）优良消费者保护团体之评定。

（8）其他跨部会协调及委员提会讨论事项。

除了官方机构外，民间也有许多关心消费者权益的单位。例如"中国台湾消费者文教基金会"，其创办的源起是1979年夏天，中部地区民众因食用厂商制造贩卖的米糠油，而发生严重的"多氯联苯受害事件"，受害者多达2000人，且大多属经济上的弱者，然而加害的厂商，非但未予以赔偿，反而以脱产方式逃避责任；同年底又发生"假酒事件"，有教授因饮假酒而失明。当时一群青商会友、学者专家及社会热心人士，感于消费者的弱势，有加以保护的必要，遂由民间捐款，开始推展消费者保护的工作。其设立宗旨为："推广消费者教育"、"增进消费者地位"及"保障消费者权益"。目前在全台设有4家办事处。②

其他机构如中国台湾消费者保护协会（http：//www. cpat. org. tw/cpat/）、崔妈妈基金会（http：//www. tmm. org. tw/）等，都是具有公信力的团体。总之，遇到消费纠纷时，记得找专家咨询，揪出不良商人，不要让自己的权益睡着啰！

▶▶ 1.2 消费者行为的定义与内涵

消费者行为（consumer behavior）是指消费者为了满足需求（need）及

---

① 中国台湾消费者保护会：资料节目官网，http：//www. cpc. ey. gov. tw。

② 以上数据摘自官网：http：//www. consumers. org. tw。

欲求（want），运用金钱、时间等可得资源，评估、购买、使用和处置商品及其服务的决策过程。消费者行为的领域中，主要探讨以下几个重点：

1.2.1 消费者

消费者（consumer）泛指市场中参与消费活动的个人、家庭或组织，并未限定是消费哪个厂牌或企业，就像新闻片段中常可听到记者叮咛："消费者可要睁大眼睛！"坐在电视机前的我们都算是消费者之一。"顾客"也是消费者，但是指经常购买某个品牌或光顾某家商店的消费者，如王品餐饮集团的顾客、好事多的顾客。

消费者可分为两种消费实体，第一种为个人消费者（personal consumer），即选购产品或服务主要是为了自己的需求、家庭需要或赠品，选购而来的产品仅供个人使用。个人消费者又可称为最终消费者（ultimate consumer），也就是不再转售此商品或服务。第二种消费实体为组织型消费者（organizational consumer），包括营利与非营利事业组织、政府单位，以及学校、医院和监狱等机构，为维持组织正常运作而必须购买物品。

1.2.2 消费者的需求与欲求

相信不少人逛街时都有过相当矛盾的经历，假设今天打算要添购一双新球鞋，在浏览不少鞋款后，心中的欲望是："限量款的！好想要！"但此时理性的你也会思考："你只需要一双安全、耐用的球鞋就够了！"你有注意到了吗，"需要"的跟"想要"的常常不见得是相同的。需求（need）是人类的基本要求，是不能被创造的，包括生理需求及社会需求等。欲求（want）则是满足需求的一种方式，但不是唯一方式。欲求深受社会文化与生活环境的影响，营销者常借由创造不同的欲求，让消费者以欲求来满足基本需求。

商心小常识

需求？欲求？傻傻分不清楚

许多消费者在进行消费行为时，往往分不清楚需要的与想要的是不同

6

的。因此，下面将举例说明需求及欲求的差别，同时也让读者明了经营者如何困惑消费者，甚至创造欲求。

表 1-1 需求与欲求的区别

需求	欲求	营销策略	说明
吃饭	吃大餐 吃美食 吃气氛 吃健康	吃到饱 米其林餐厅 景观餐厅 养生餐、有机食品	其实三餐只要能吃得饱就好，可是商家却会创造出多种功能与选择，让消费者误以为"需要"这样的用餐方式
穿衣	穿名牌 穿流行 穿设计 穿限量	国际知名品牌 跟随潮流 知名设计师 量身定做	虽说"人要衣装，佛要金装"，但其实衣服只要能保暖蔽体、舒适合身即可。商家同样会创造出多种赋予其他价值或意义的服饰，比如纯手工、真皮、设计感等额外的功能，让消费者误以为"需要"这样的穿着打扮
交通工具	名车 超跑 限量 独特	国际知名品牌 引擎马力强 全球限量 私人游艇、直升机	若细究交通工具的功用，就是代步。那么，安全、便利才是其最大的考虑。当消费者开始购买动辄数百万元甚至上千万元的名车时，早就超出"需求"的考虑了
人际沟通	花哨 实时 流行	图案化 手机上网 最新商品	相类似地，人际沟通一样以安全、便利为原则。早期人们用飞鸽传书、电报、书信往来、电话、电子邮件、简讯，同样可达到沟通的效果。然而，随着科技的进步，手机的普及及无线网上冲浪的诱惑，让许多人放弃旧有可达到沟通之效的方式，一味跟着潮流不断更新沟通方式，无形中，也增加了许多额外的消费

通过上述的说明，您是否发现很多商品都是商人创造出来，让人误以为是需求的欲求？从现在起，当一名理性聪明的消费者吧！多买需要的而不是想要的东西，不人云亦云，不追流行，不怕落伍，才是王道。

你可曾想过，代步只需要大众交通工具，根本不需要名车（图片来源：维基共享资源）

1.2.3 产品

产品（product）是消费者利用金钱、时间或劳务等资源，向卖方购买对等价值的事物。一般而言，只要能满足人类需求及欲求的任何市场贩卖事物皆可视为产品，因此并不只限于有形的产品，如服务、理念、经验或活动等无形的消费内容也是产品的一种。

1.2.4 消费者决策过程

消费者决策过程（consumer decision making process）是指消费者在需求的推动下，为达到满足需求的目标，而决定从事消费活动的程序。消费者决策包括以下五个问题：决定买不买、决定买什么、决定在何时购买、决定在何处购买、决定如何购买。以时间来说，消费决策过程可分为购买前、购买时以及购买后三大阶段。以决策流程来说，可依次包括问题认知、信息收集、方案评估、购买选择以及购后处置五个阶段。

以"购买新计算机"为例，你的旧计算机终于彻底地罢工了，为了适应工作所需，你需要购入一台新的计算机（问题认知）。不过，计算机厂商何其多，各家的电子产品更是琳琅满目。为了对商品有初步的了解，你可能会上网浏览目前出售的计算机的规格与配备、去网络讨论区看看网友的使用心得与评价，也可能请朋友直接给你一些建议（信息收集）。做了好些天的功课，心中已锁定几个目标。接下来，你可能会实际走一趟商店，体验一下商品的触感、重量、外观等，并询问商家能提供的优惠、赠品，评估哪一个商品最符合你的需要（方案评估）。不过，即便已经决定要购买计算机 A，店家的服务态度、店员所提供的信息、现场的气氛与其他客人的言行态度等都会影响你的购买决策。例如，店员跟你说："相同的规格，要不要买另一个品牌的计算机 B，性能一样，但是省了 5000 元！"由于信赖店员的专业，你最终便买了计算机 B 回家（购买选择）。而在使用了好些天之后，若是用得顺手，便会给予该店家、店员、计算机品牌好的评价；但若是使用后不符合期望，或是有意外的问题，便容易有消费不甚满意的反应，不仅不爱使用这台计算机，也可能就此将计算机转赠给其他家人使用或转卖（购后处置）。这整个历程即为消费者决策历程，如图 1-2 所示。

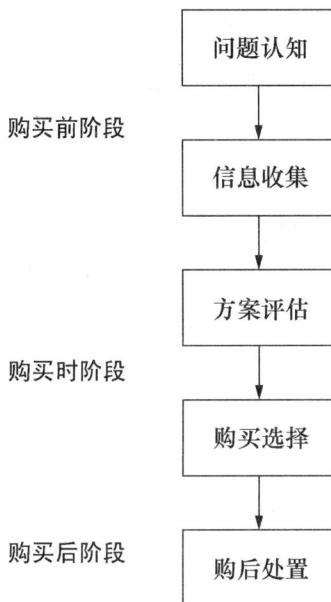

购买前阶段　　　问题认知 → 信息收集

购买时阶段　　　方案评估 → 购买选择

购买后阶段　　　购后处置

图 1-2　消费者决策过程

　　虽然一般的决策历程包含了从问题认知到购后处置等五个步骤，但每个消费决策所费的时间并不相同。举例来说，买一罐饮料消暑跟买一台空调消暑就有很大的差异。消费者会考虑是否有能力承担此次消费，以及衡量所投入的成本与获得的效益之间是否平衡。不过，对于金字塔顶端的消费族群来说，买一辆车的决定可以与买一件衣服一样快速。

消费行为万象

在了解消费者行为的定义后，我们可归纳出消费者行为的几个特性：

（1）消费者行为系受到动机所驱使。在前文我们讨论了"需求"与"欲求"的不同，而不论是满足需求或是满足欲求，都是消费者进行消费的动机。换言之，消费者行为的发生是由于消费者为了达成特定的目标。其中，有的动机可能显而易见，有的动机则隐而不显。另外，单一动机可能需要多次行为才能达成，单一次消费者行为也可能包含了多个动机。例如逛夜市，可以从夜市头吃到夜市尾，吃了一摊又一摊；而逛夜市也不只是口腹之欲，同时也可达成与朋友聊天叙旧、添购新装、游玩休闲、填充时间等多重目标。

（2）消费者行为是一个过程。从购买前的问题认知、信息收集、方案评估，到购买时的产品选择，以及购买后的处置与反应，都显示消费者行为是一个过程（process），有一定的时序性阶段，每个阶段也包含一连串的活动。这有助于营销人员了解消费者所处的阶段，提供所需的服务或协助。

（3）消费者行为包含多种角色。以购买前后来区分，可简单将消费者分为"购买者"与"使用者"。购买者与使用者未必是同一人，如子女买保健食品给父母，情侣买礼物互赠。而除了消费者自己，其他人也可能同时参与此消费过程。例如逛街试穿衣服时，朋友的表情就比店员的赞美来得有影响力，此时，朋友扮演的角色便是"影响者"。当然，购买者可能只是奉命行事，真正的"决策者"另有其人。例如帮妈妈跑腿买酱油、出国旅游时代朋友购买商品。

（4）消费者各有不同。人类有着普世皆同的共通性，但同时也存在着个别差异性，消费者也是一样。消费者皆需要满足其需求与欲求，但满足的方式可能随着文化、地区、性别的不同而有所不同。营销人员便要致力了解某一群消费者的相似性，以及不同群体间的差异性，以进行市场区隔（market segment）。如此，企业才能针对特定的消费者群体，开发出能满足其独特需要的产品。

1.3　营销行为的定义与内涵

至于商业心理学的另一个角度，经营者端的营销行为，顾名思义，即为将产品送到消费者手上的经营与销售行为。下文将介绍营销行为的历史演进，以及营销行为的两大领域内容：营销与广告。

1.3.1　营销行为的历史演进

最早的营销模式，在工业革命后到 20 世纪 20 年代，当时由于竞争者不多，因此，在供不应求的前提下，企业抱持的营销观念是生产导向（production-orientation），以及产品导向（product-orientation）。生产导向是指企业假设消费者喜好购买价格低廉的产品，因此，企业会以高生产效率及广泛的配销范围来满足消费者的需求。此时的营销重点在于提高产量与降低成本，通过大量生产和压缩成本来形成规模经济。产品导向则是企业认为消费者喜好质量、性能及表现最佳的产品，所以致力于发展精良产品，并且不断加以改良以吸引消费者。有时企业会一厢情愿地认为产品好，但消费者未必认为如此，这样的落差便称为营销短视症（marketing myopia）。在此阶段，消费者是被忽视的、沉默的，企业对于消费者其实一无所知。

到了 20 世纪 30~50 年代，历经世界大战与战后复苏阶段，消费者的购买能力与购买欲望大幅降低。在供过于求的情况下，产品堆积如山，此时企业的营销重点便由生产面转为销售面，也就是奉行销售导向（selling-orientation）的概念。销售导向认为消费者是被动的，为了能让产品顺利卖出，必须对消费者采取激烈的促销活动，消费者才会大量购买产品。其要点着重在创造市场的需要量，把工厂生产的产品借助强势的促销手段卖给消费者，而不顾消费者的真正需求。在此时期，仍旧是在"生产什么就卖什么"的思维下，对于消费者的需要仍旧未予考虑。

到了 20 世纪 60~80 年代，随着全球经济的成长与科技技术的提升，

11

相同的产品陆续出现竞争者，消费者因此有了更多的选择。在此阶段，消费者的角色由被动转为主动，企业必须了解消费者的需求与欲求，制造出与之相符的产品，并且比竞争者更有效率地满足消费者的期望。因此，此时期企业遵循的是营销导向（marketing-orientation）的概念，也就是以消费者为核心，其重点在于"做出可以卖的产品"，而不是"卖出已经做好的产品"。从20世纪80年代中期开始至今，营销学者开始正视消费者的需求与欲求，并致力于满足消费者，也因此发展出市场导向（market-orientation）的营销概念。秉持市场导向概念的企业会关心顾客、进行市场调查与研究，并以此结果研发产品。其中，顾客导向（customer-orientation）是市场导向的核心，满足顾客真正的需要是企业经营的宗旨。为了避免主观臆测而造成企业认知与消费者实际需求有所落差，全面地了解消费者的需求与态度显得相当重要。

现今，环保、消费者健康、资源浪费的观念逐渐浮现，社会行销导向（social marketing – orientation）的概念便随之兴起。社会行销导向的概念主张企业必须奉行企业社会责任原则，无论提供的产品、服务或任何满足目标市场的方法，都必须保护或增进消费者和社会整体的利益。换句话说，企业需将社会大众长期的利益视为比赚取利润、满足消费者即刻欲求更为重要。

商心达人 ——经营者篇

营销新趋势

随着时代与时俱进，有两个趋势是现代经营者相当关注的发展方向：一是电子商务的快速发展，二是环保意识抬头。因应而生的是网络营销以及绿色营销的行为模式。

（1）网络营销。网络提供的便利性，让消费者不管是日常生活用品乃至金融商品，只要登录相关的网站，都一定能找得到需要的商品及可提供的服务。因此，越来越多的企业开始架设网站，提供更多、更丰富的商品咨询及服务，提供消费者及销售者另一个营销的管道。互联网的蓬勃发展对营销组合的影响大致如表1－2所示。

表1-2 互联网对营销组合的影响

产品 （product）	产品或服务电子化，需搭配图形、动画、声音及文字 在线订购系统需便捷、快速 提供交互式的服务
价格 （price）	提供在线优惠价，消费积点折抵消费金 提供咨询、议价甚至竞标
市场 （place）	取消实体店面 网站联结便利性 关键词搜寻容易 商品配送迅速
促销 （promotion）	运用多媒体促销 自家网站促销活动费用低廉

（2）绿色营销。近年来，环保意识抬头，企业所推出的商品除了不能破坏生态环境外，若能提供具有环保特性的产品，也能引起消费者的青睐。绿色营销的重点在于产品从原料的取得、生产、消费、废弃物的处置整个产品生命周期中，皆对环境冲击减至最小的程度。换言之，产品本身及废弃物的处理上，必须合乎减量（reduce）、回收（recycle）、再利用（reuse）的3R原则，以及对能源（economic）、生态（ecological）、人权（equitable）3E的保护。因应绿色营销趋势，企业的营销组合模式如表1-3所示。

表1-3 绿色营销对营销组合的影响

产品 （product）	发展环保导向的产品与设计，包括节能、减碳
价格 （price）	通常绿色产品的价钱较高，若能因为使用回收再利用材料而减低成本，并反映在价钱上，可让绿色产品更有竞争力
市场 （place）	绿色产品并无特殊的市场，仍以一般传统市场为主。不过，可对主要消费族群开发新市场，比如从校园做起

续表

促销 （promotion）	绿色广告通常传递环境保护的观念及绿色信息，使消费者知道厂商新开发的绿色产品与现有的绿色产品，同时也告知消费者企业本身对环境保护做了哪些贡献。政府有时对节能产品进行补助，可大量促销绿色产品

1.3.2 营销

营销的英文为"Marketing"，也可说是进行中的市场（Market + ing）。根据美国营销协会（American Marketing Association，AMA）的定义，营销是创造、沟通与传送价值给顾客，以及经营顾客关系以便让组织与其利益关系人（stakeholder）受益的一种组织功能与程序。因此，营销是商业行为中相当重要的一环。具体的营销行为包含产品定位、包装与定价、品牌经营、市场选择、广告策略、销售服务及促销活动等。

而营销又与上述消费者行为息息相关。消费者行为与营销的互动有两个方向：一是营销影响消费者行为；二是消费者行为影响营销策略之发展与运作。前者是指通过营销过程中的市场区分、目标营销、产品定位，抑或是服务、定价、市场以及营销推广来影响消费者的知觉、动机、学习、态度进而影响其购买决策。后者是指消费者购买决策的反应与购后评估乃是营销策略成效的检视指标，可以作为反馈提供给营销者，作为营销策略修订的依据。消费者对产品与服务的购买过程阶段，包括询问、索取信息、试用、购买、参加限时限量抢购、有购买评估无购买行为等，都可作为后续营销策略的指标。无论是正面或负面的消费者反应都可以提供给厂商宝贵的市场信息，并可作为营销策略的调整与改善基础。

商心案例 I

掌握蓝海商机，营销无往不利

在《蓝海策略》中，作者强调创造蓝海商机，就得超越现有需求。书中举了卡拉威高尔夫球公司（Callaway Golf）如何借着探讨非顾客的需求，为产品蕴蓄新的需求的例子。说明营销者需对消费者有深入了解，才能出奇制胜。

故事是这样的。在美国高尔夫球业忙着争夺现有顾客群之时，卡拉威却探索为什么运动迷和乡村俱乐部会员不打高尔夫球，并从这个角度创造出由新需求形成的蓝海。在探索过程中，他发现庞大的非顾客有个重要共通性：他们觉得要击中小小的高尔夫球很难。高尔夫球球杆头很小，打球时眼睛和手必须高度协调，必须花很多时间才能掌握要领，精神也必须非常集中。因此，新手打球很难享受其中乐趣，要练好球技也太花时间。

体会到这点，卡拉威对如何为产品蕴蓄新的需求，得到新的灵感，并据此推出大百发球杆（Big Bertha）。这种球杆杆头较大，要击中高尔夫球比较容易。大百发球杆不仅把许多不打球的人变成顾客，连原本就打高尔夫球的人也趋之若鹜，使产品供不应求。原来除了职业选手之外，很多本来就打球的人，无法掌握随时都能打中球的诀窍，以至于球技难以进步而感到苦恼。大百发球杆的大杆头使这种困难大为消失。

资料来源：W. C. Kim, R. Mauborgne：《蓝海策略》，黄秀媛译，天下文化，2005。

商心案例 II

错估消费行为，一失足成千古恨

欧洲零售业龙头家乐福（Carrefour SA）于 2000 年在日本设立子公司并积极拓展日本市场，然而业绩始终不见起色。2005 年被日本零售业巨擘永旺（Aeon）收购并改名为 AEON Marche，不过旗下所营运的店面则仍维持 Carrefour 名称不变。永旺于 2010 年 1 月表示，3 月期满后，店铺名称将不再使用 Carrefour 名称，也不再贩卖家乐福自有品牌的商品。换言之，历经 9 年的努力，家乐福终究还是退出了日本市场。

其实近年来日本市场本身需求走低，消费者信心指数下跌，大环境的恶劣连本土的零售商都深受其害。但是，未了解市场特殊性进而修正营销策略恐怕才是家乐福业绩受挫的主因。在日本，仍有相当比例的女性在结婚后成为全职的家庭主妇，她们的时间充裕，每次购物只需采购当天食材即可，因此重视商品的新鲜程度而不是量的多寡。另外，日本都会地区地狭人稠，一般住家面积普遍不大，量贩式的商品规格反而造成存放的不便。这些都与欧美市场常见的采购一周所需、住家面积大、普遍有车、卖场坐落郊区的情况大不相同。可见对消费者行为掌握度不足影响之大。

1.3.3 广告

广告对于消费者的认知、态度与购买意愿有重要的影响，主要通过信息内容与媒体而传达。广告出现的历史十分悠久，考古学家从古代废墟的遗址里，也发现有广告的踪影。早期的广告以事务性为主，例如在古埃及就有用莎草纸上制作销售推广或寻找失物的广告海报；在古印度，也有通过壁画的形式来达致商业宣传的效果。现代广告的出现，大约在17世纪的英国，当时的广告是报章内的宣传，以书籍的销售为主，后来因为宣传效果良好，医药产品也开始采用这个宣传途径。时至今日，在互联网的世界，广告的形式、内容、表达手法，均已演变得五花八门。

广告的目的无非在影响消费者行为，一个成功的广告，除了有创意之外，需有赖于事前严谨的市场调查。市场调查是指采用一些科学的方法来了解消费者的需求，以创造出最佳获利的产品及最有宣传效果的广告。广告的呈现方式已是一门学问，由于不同的媒体有不同的受众，且媒体本身所具备的特性不同，带给消费者视觉或听觉的感受程度也不一样，所以厂商在推行产品广告之际，须考虑此产品广告希望带给消费者何种形态的感受，借以选择适当的媒体来传播。诸如平面广告的文案、图像、代言人等，或电视广告的背景音乐、言语、代言人等都是重要的元素。此外，媒体相关的因素如广告的排程、媒体的选择、媒体内容的选择、广告在媒体上的呈现方式、如何整合其他传播方式等，都是好的广告需要考虑的要素。

商心小常识

认识市场调查，了解你被锁定了吗

市场调查有下列四种常见的方法：

（1）质性市场研究（qualitative marketing research）：最常被使用。简单来说就是从受访者的回答中去分析，不针对整个人口，也不会做大型的统计。常见的例子有焦点族群（focus groups）、深度访谈、项目进行等。

（2）量化市场研究（quantitative marketing research）：采用有意义的取样，并从样本来推断结果，这种手法经常用在人口普查、经济力调查等大型的研究。常见的例子有大型问卷、电话访问等。

（3）观察技术（observational techniques）：由研究员观察社会现象，并自行设定水平式比较（通常是指时间性的比较）或垂直式的比较（与同时间不同社会或不同现象比较）。常见的例子有产品使用分析、浏览器的cookie分析。

（4）实验技术（experimental techniques）：由研究员创造一个半人工的实验环境测试使用者。这个半人工的环境能够控制一些研究员想要对照的影响因子，例子包括了购买实验室、试销会场。

一般而言，真实的市场调查研究经常都是综合使用上面四种手法，他们可能先从第二手数据获得一些背景知识，然后举办目标消费族群访谈（质性研究设计）来探索更多的问题，最后也许会因客户的具体要求而进一步做大范围全国性的调查（量化）。

▶▶ 1.4 商业心理学的研究范畴

综合上述的内容，我们可以发现，整个商业行为模式，不论是营销者端或是消费者端，主要都是围绕认识消费者的心理历程。消费者行为虽然是近几十年才兴起的学科，但是从营销学的历史演进可知，目前是"顾客为核心"的时代。换言之，越了解消费者行为，越能在激烈的市场竞争中胜出。消费者行为研究的重要性主要在于消费者决定了企业的存亡，任何企业都需"正确地"了解顾客的需求，并提供能满足此需求的产品或服务，进而促使消费者主动或持续购买，维持企业长期利润的获得。也就是说，消费者行为是营销策略的核心。唯有了解消费者要的是什么，企业才能拟定营销策略，包括市场定位、定价、市场策略等。若是对消费者行为有错误的解读，将导致一连串错误的决策。消费者不满意的后果可导致短期营业收入下滑，严重时也可能演变成失去消费者支持，在市场中败下阵来。因此，本章最后有必要先介绍整个消费者行为模式可能涉及的议题，这也是本书接下来各章节所介绍的商业心理学的主要范畴。

通过上文的介绍，我们已对消费者行为有了初步的了解。综览消费者行为之研究可说是围绕着消费决策历程而进行的。图1-3所示即研究消费者行为的模式，从图1-3中可以发现，以决策历程为中心，往前探究影响消费者决策的个人因素与环境因素，往后则着重于了解消费者购买后的反应，此反应会影响消费者的下一次购买行为，也会影响厂商营销策略的发展。本书之章节也是依循此模式而设计的，以下先行简介各主题的要点。

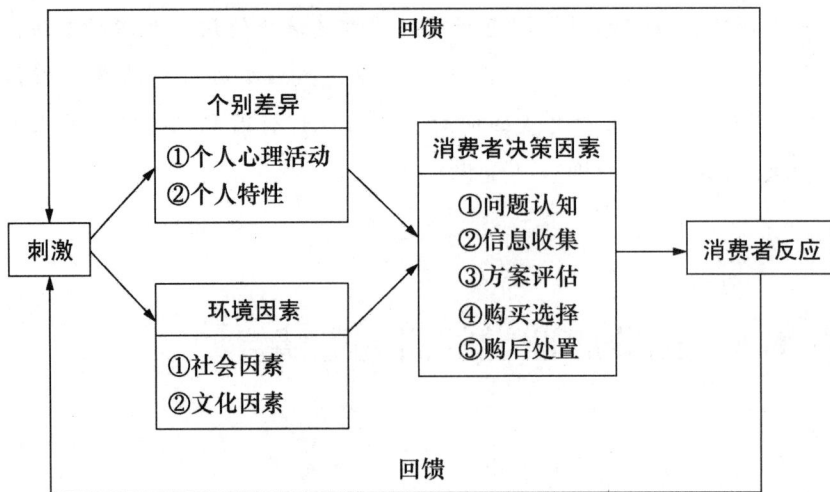

图1-3 消费者行为模式

18

1.4.1　个别差异

消费者的个别差异，也就是由个人内部因素所造成的消费决策差异。

（1）个人心理活动，包括消费者的动机与涉入、人格、知觉、学习与记忆、态度等议题。

（2）个人特性是指个人出生后所形成的生活背景等相关特性，包括个人档案（性别、婚姻状况、职业、教育程度等）、生活形态（消费者的活动与兴趣，在时间安排上的先后次序）以及社会阶层（社经地位的高低等）三大类。这些因素同样也会影响消费者行为，不过本书将着重于前述"个别差异"的探讨。

1.4.2　环境因素

除了消费者个人内部因素之外，外部的环境因素同样也会影响消费者的决策。

（1）社会因素，诸如参照团体（reference group）、家庭等他人也可能影响消费行为。

（2）文化因素，文化（culture）是指生活在特定时空的一群人所共享的规范以及行为模式，因此消费者的消费模式常会受到文化潜移默化的影响。跨文化研究（cross‑cultural study）是要了解不同国家文化背景的消费者在行为倾向上的相似或不同程度。其他如次文化（subculture）、大众文化（popular culture）、流行（fashion）等文化相关因素，也是影响消费者行为的重要因子。

1.4.3　消费者决策因素

早期有关消费者决策的议题大都围绕着购买当下的因素，现在学者则认为决策在消费者实际购买之前就已经产生。因此，消费者决策过程应该以持续观点来看待，不仅让消费者只发生一次购买行为，更希望消费者有重复购买的可能。消费者购买前、购买时、购买后三大阶段的影响因素，大致如表1-4所示。

表1-4 决策过程中消费者与营销者所关心的议题

决策阶段	消费者关心的议题	营销者关心的议题
购买前	①是否需要此产品 ②公司形象如何 ③产品信息是否充足	①消费者的购物态度如何形成 ②消费者从哪种渠道得知此产品信息
购买时	①购物情境如何 ②公司服务态度	如何用情境因素影响消费者购买意愿
购买后	①产品功能是否与收集到的信息相符 ②产品的耗损情形如何 ③产品废弃如何处理	①消费者对产品的满意度如何 ②消费者会不会再次购买

1.4.4 商业心理学是门跨学科的研究

看过本章的简介，相信读者已经发现，商业心理学是一门跨学科的研究，其内容涵盖了许多领域的知识，包括心理学（研究个人行为及个别差异）、社会心理学、管理学（研究组织的经营）、营销管理、物流管理、广告学（研究广告的呈现）、社会学（研究人与社会的关系）、人类学（研究文化对个人及营销行为的影响）、表征学（研究产品的语言或图片所代表的意义）及经济学（假定消费及营销皆是理性的行为）等。

作为一门科学，一定有其采用的研究方法，在下一章中我们将介绍商业心理学的研究典范以及研究流程。

课堂活动

商心初体验

一、目的

（1）了解需求及欲求的差别。

（2）了解买方及卖方观点的差别。

二、说明

（1）人数：不限，6人一组。

（2）时间：约30分钟。

（3）每组请自行准备纸笔。

三、程序

（1）老师先说明活动目的：为验证学生是否充分了解本章内容及体验不同观点的立场。

（2）请学生先分组，然后每组将每人身上及书包或书包中的东西（身外之物）记录下来，例如鞋子、眼镜、手机、化妆品……

（3）请每位学生先各自将这些物品分为需求的以及欲求的两类。

（4）组员间分享各自的分类，并讨论分类不同的物品，比如有人觉得手机是需求，有人觉得手机是欲求。

（5）请6名组员3人扮演买方，3人扮演卖方，以上述第（4）步骤所讨论的其中一项物品为例，卖方想尽办法说服买方这是必需品，买方则想尽办法说服卖方这不是必需品。

（6）上述第（5）步骤3人角色对调，挑选另一物品，重复步骤（5）。

（7）老师请大家分享过程中的发现，特别是有没有发现身上的物品其实是欲求而非需求。

习　题

1. 请简述商业心理学的内涵。

2. 何谓消费者决策历程？

3. 请简述消费者行为的特性。

4. 请简述消费者行为与营销之间的关联。

2　商业心理学的研究

2.1　研究典范与流程
2.2　研究方法与伦理

商心开讲

　　食品连锁品牌要在中国台湾地区生存很久似乎不容易?! 早期的温蒂汉堡、德州汉堡、壹咖啡、50 元比萨、85 度 C 咖啡、鲜芋仙、mister donut、Dunkin donut 等知名连锁品牌在刚创立或在台设立门市时，哪一个不是门庭若市的盛景，分店也如雨后春笋般地冒出，但随着时间的流逝，许多品牌不是已经被遗忘，就是慢慢地缩减门市的数量与规模。究竟是出了什么问题? 理论上，许多食物品牌随着门市或营业额的增加，在市场上应该会站得更稳，但为什么反而是快速地从中国台湾市场中消失呢? 是商品的质量出了问题，是有了新的竞争者，还是消费者另有所好呢? 此外，近来"什么都涨就只有薪水不涨"等经济不景气的现象中，每次汽油或任何民生必需品价格的调涨，都会惹来民众与媒体的一阵挞伐声，但为何每年百货公司周年庆的总消费额仍是屡创新高? 不是说不景气、大家要共克时艰，怎么还是有那么多消费者愿意花钱买相对高档的商品呢? 如果不是每个人都负担得起百货公司的消费，究竟是哪些人在买? 而在百货公司周年庆一窝蜂的消费现象中，消费者购买商品的动机为何? 在百货公司与路边店铺购买商品的行为对消费者本身而言是否有所不同?

22

本章节将教导大家如何对眼前的消费现象进行思考与提问，进而借由严谨的科学研究程序，帮助大家分析与了解眼前的商业经营与消费的相关问题。

2.1　研究典范与流程

心理学的知识发展就是以科学的研究方法所累积出来的，借由多元的科学方法，探索人类行为与心理历程。在日常生活中，我们常常接触到很多似是而非的常识，可能是口耳相传、道听途说或是他人的经验谈，既不可靠，更可能有害。但是，科学的研究方法却可以提供一套严谨的程序，帮助我们有系统地搜集数据，并进行分析。商业心理学是心理学领域的分支，着重于心理学的应用，常应用科学的方法解决问题。以下将介绍研究典范与研究流程。

2.1.1　研究典范

现行科学研究方法有相当多种，每一种方法都有其优点，但也有其缺点。实证论与诠释论是两种常见的研究典范。

2.1.1.1　实证论

实证论（positivism）认为科学知识是通过可观察或可经验的事物获得。该论点强调人是理性的，现象也是理性、有秩序的。因此，世间的真实是单一且客观的。实证论所用的研究方法主要是从自然科学衍生而来，研究资料的结果有描述性、实证性及类化到大样本的特点。数据收集以量化为主，资料分析则以统计方法来解释结果。

2.1.1.2　诠释论

诠释论（interpretivism）是指个体依据特有的文化及共享的经验去建构对这个世界的看法，强调行为表象的象征性、主观意义及个人过去经验的重要。因此，这样的建构并无绝对的对错标准。诠释学派的调查方法以民族志学、表征学及深度访谈为主，资料的收集以质化为主。

商心小常识

如何做才能深得你心

又青姐是某知名鞋业的总经理，最近公司内部打算进行顾客需求与商品满意度的调查。但公司内部主要人力是以设计师与销售员为主，并无其他公司所谓的营销部与专业营销人员。看着下面的问题，又青姐真的是一个头两个大，因为她自己本身是销售员出身，深知掌握消费者就是掌握钱潮的道理，如果不针对顾客的需求与商品满意度进行了解的话，恐怕无法研发出更符合消费者需求的新商品，且无法找出顾客对既有商品的不满及改进之处。如果你们是贴心又聪明的大仁哥，针对以下又青姐想了解的问题，你们认为采用什么研究取向会比较适切呢？

（1）鞋款 A、B、C 的主要消费群为何？且顾客对其满意程度如何？

（2）什么样的鞋是顾客眼中不可或缺的鞋呢？需要具备哪些条件呢？

如果还不是很清楚答案但却又想成为大仁哥的朋友，要仔细阅读下面的内容喔！因为答案就在段落中。

2.1.2　消费与商业研究流程

图 2-1 为商业心理学中针对消费者行为研究的流程图，下文将一一说明其内涵。

2.1.2.1　订定研究目的

在进行消费者与商业研究的过程中，第一个重要的步骤就是确定研究目的为何。营销人员必须确定研究目的之后，才能拟定出适宜的研究设计，收集到真正想要的信息。

2.1.2.2　研究资料收集

次级数据（secondary data）是指从别的目的（或非正式进行的研究），及其设计的研究中所收集到的资料。次级资料对质化研究或量化研究都很重要，因为次级数据能够为主要研究设计提供一些线索和方向，也能补足主要资料之不足。另外，相对于次级数据的是主要数据（primary data），主要数据是指个别研究者为符合某一特殊目的而进行原始数据的收集。

订定研究目的

收集次级资料

质化研究设计
①方法选择
②过滤样本问题的设定
③讨论题目的拟定

探索性研究

量化研究设计
①方法选择
②样本的选择与设计
③收集资料与工具器材准备

研究的执行（采用受过严格训练的访谈者）

主要资料的收集

主观资料分析

客观资料分析

概念发展

验证假设

研究报告

研究报告

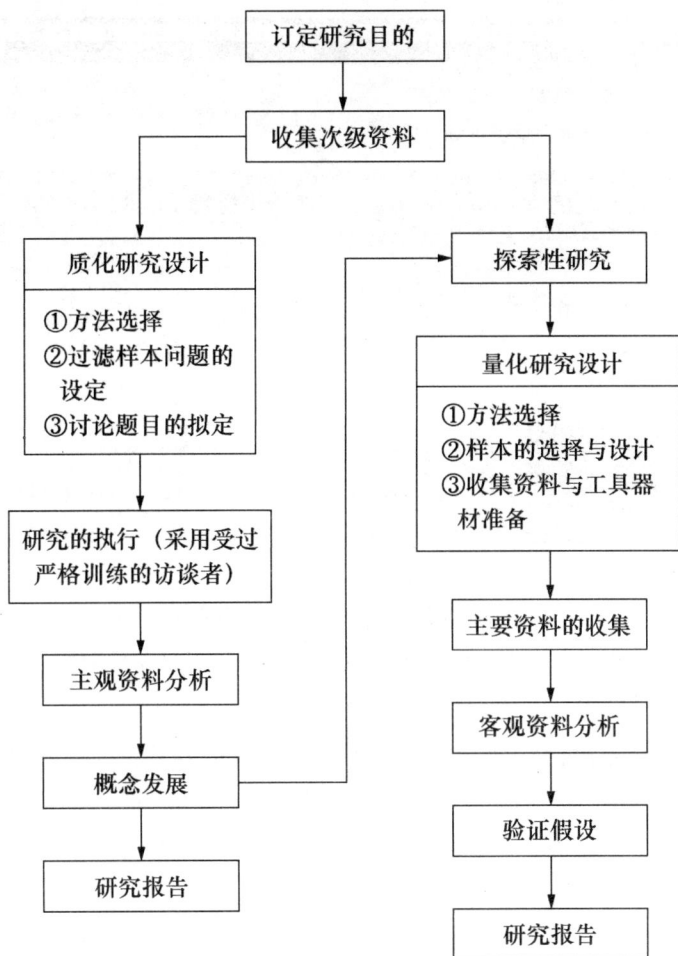

图 2 - 1　研究流程

2.1.2.3　量化与质化研究取向

心理学家会依据研究问题选择最适当的研究方法。要更了解如何选择研究方法，我们必须先对这几种常用的研究方法有所认识。然而心理学的诸多方法，可能无法完全相同地运用于工作情境中，不过我们仍然可以稍加调整，保留其科学方法的精神，将之运用于管理实务中，以增进管理效率。

受到数学与逻辑的影响，量化研究主要目的在于运用标准的科学方式，确认现象与现象间的关联，或是寻找现象发生的前后顺序、因果关系。量化研究的优点在于它能测量许多人对一些有限问题的反应，并促进

次级数据的一种——大型数据库

（图片来源：**www. hyread. com. tw** 中国台湾全文资料库）

数据的比较与统计集合，使得研究发现得以简洁而经济地呈现。而质化研究的优点则是能产生少数个案的丰富资料，促进我们对研究个案和情境的了解。

相较于量化研究，质化研究主要是以探索性研究为主；而量化研究主要是以描述性与因果性研究为主。探索性研究（exploratory research），通常是在面临未知或少人探讨的研究领域时常采用的方法。其最主要目的是希望能从眼前的现象中，依据所面临的各种状况，采用非正式且小规模的方式，收集各种可能数据来厘清并确认问题所在，从而确定研究的主题与范围。以上两种研究取向并无优劣之分，视研究问题而有不同的需求。大体而言，两种研究典范的差异如表 2 - 1 所示，不同的研究取向也有不同的研究方法。

表 2 - 1 研究方法的比较

比较项目	量化研究典范	质化研究典范
研究者的角色	旁观者；局外人	参与者；局内人
研究焦点	部分的	整体的

比较项目	量化研究典范	质化研究典范
研究目标	预测、控制	理解
研究情境	控制的	自然的
研究设计	结构化、预定的、特定的操作程序	弹性的、直觉的
样本大小	大量、分层、随机抽样	小型的，非代表性抽样
研究工具	问卷、测验、量表等	研究者本身 （或辅以录音机等工具）

资料来源：Qualitative Research for Education，by R. C. Bogdan & S. K. Biklen (1998)，吴芝仪等译。

2.1.2.4 资料收集的工具

质化数据的收集工具有多种，在深度访谈时使用录音机，投射测验则是模糊的图片等。量化研究的主要资料收集工具是问卷，问卷的形式较多样。具体说明如下：

（1）问卷设计。

1）开放式问卷（open – ended questionnaire），由受访者针对问卷的题目回答自己的想法或答案。通常开放式问卷能提供深入的信息，但答案也较难归类、登录及分析。

2）封闭式问卷（close – ended questionnaire），根据题目提供几个选项供受试者回答，受试者只需圈选自己认为适合的选项。封闭式问卷容易分析，但答案仅限于所提供的选项。

（2）量表（scale）设计。

1）李克特量表（Likert scale），是由消费者依据量表对某件事情正面或反面的陈述句，选出同意或不同意的程度。如"您对该车厂的服务满意程度如何?"选项有"非常满意、满意、普通、不满意、非常不满意"。表2 – 2是一些服务满意度量表的例题。

表 2 - 2　服务满意度量表的例题

	非常不同意					非常同意	
服务人员仔细聆听您的需求	1	2	3	4	5	6	7
休息室的空间是令人舒服的	1	2	3	4	5	6	7
服务厂准时交车给您	1	2	3	4	5	6	7

2）区别量表（semantic differential scale），消费者在多组对立的形容词中（喜欢—讨厌，美丽—丑陋），凭主观感受圈选出适当的位置，以反映他们对人、事、物的情感与信念的内涵意义。如对于新产品的态度量表，如表 2 - 3 所示。

表 2 - 3　区别量表的例题

对于 iPhone 5 的态度量表							
iPhone 5 是							
好看的	1	2	3	4	5	6	7	难看的
好用的	1	2	3	4	5	6	7	难用的
有趣的	1	2	3	4	5	6	7	无聊的

3）序级量表（rank order scale），要求应答者对产品的一些标准、质量或产品价值感进行喜好排列。例如"请依您对出租车、公交车与火车三种大众运输工具的使用频率如何，由高到低做排列"。

2.1.2.5　样本设计

样本设计上有三个因素需要详加考虑，分别为样本单位（目标市场或潜在市场）、样本大小及抽样的步骤（概率抽样或非概率抽样）。

2.1.2.6　资料分析与研究报告的撰写

在质化研究中，研究者通常会就受访者提供的反应，从中抽离出概念或命题，而量化研究则是研究者根据受访者所填的分数，进行统计的分析，依据分析结果来检验是否支持先前的研究假设。在最后研究报告的部分，不论是质化或量化研究，都必须针对研究结果进行简短的摘要叙述，并对研究发现进行讨论。

2.2 研究方法与伦理

本节我们将分别介绍几种常见的量化与质化研究方法，并说明如何善用各种研究方法于消费与商业行为实务中，让读者灵活结合心理学的科学方法与商业实务。此外，我们也会介绍心理学研究的专业伦理，让读者更了解如何在不造成伤害的情况下进行科学研究，这有助于管理效率的提升。

2.2.1 量化研究方法

调查法、观察法、实验法、个案研究法是常见的量化研究方法，以下将分别详述之。

2.2.1.1 调查法

调查法是量化研究中常用的研究方法。心理学家常用的调查法包含问卷调查法与访问调查法。问卷调查法就是将问卷作为调查工具，由研究人员预先将所要研究的问题编制或修订成问卷，邮寄或直接分送给受调查者，由受调查者来填答问卷，以表达个人的意见或态度。由于问卷调查法具有在短时间内就可以搜集多数人意见的优势，自然受到广泛的欢迎与使用。但是我们也可以发现，日常生活中问卷调查法常常出现不一致的结果，例如市场做的消费者偏好调查，调查结果常常又被消费者抱怨不能代表全部消费者的意见。这是因为若是使用不同的问项或取样方式，很有可能会产生相异的结果，所以在使用问卷调查法时，我们必须特别留意问卷调查法的问卷设计的严谨性与取样的合理性。

访问调查法是一种与研究对象实质接触、沟通，以搜集相关原始资料的研究方法，又可分为面对面访谈及电话访谈。它是通过严格的抽样设计来询问并记录受访者，以探讨各种消费现象发生的可能原因与关系。而回收资料的质量非常依赖受访者的合作程度、能力及意愿。总结而言，调查法搜集资料的方式，常见的有邮寄问卷、电话访谈、面对面访谈三种。其中，面对面访谈又可分为到府访谈及街头访谈两种。各种资料收集方式的优劣，如表2-4所示。

表2-4　不同资料收集方式之比较

	邮寄问卷	电话访谈	人员访谈
成本	低	中	高
时间	慢	快	中
资料质量	中	高至中	高
收集大量资料的能力	中	中至低	中
处理复杂问卷的能力	低	高	高

资料来源：参考自 Lamb, Charlies W., Jr., Joseph F. Hair, Jr., and Carl Mc-Daniel (1998), Marketing, Fourth ed., Cincinnati, Ohio: South - Western College Publishing。

虽然访问调查法可对研究问题做较为深入的探讨与剖析，但访问调查法的关键在于访问者是否能确实取得受访者的真实信息，所以访问者的沟通能力是一大关键。然而由于心理学家的时间与资源有限，很难在同一时间有大量专业的访问者一起投入一个研究专案。加上这种研究方法相当耗时、费力，在执行上难度较高。并且，访问结果所获得的资料也不适合做量化的统计分析。不过，由于访问可以取得较深入的信息，能弥补问卷调查的不足，故两者具有相辅相成的互补作用。例如，若企业先采用问卷调查法来调查消费者的新产品满意度，结果发现消费者对于新产品的平均满意度偏低，则可再通过访问调查法来更深入了解消费者对于新产品的看法。最后，整合问卷调查与访问调查所得到的信息，作为新产品修正方案的参考。

商心达人 ——经营者篇

想了解他的心，请跟我这样做

设计问卷的时候有哪些事项须注意呢？

（1）了解欲求而非需求。假如我们今天要帮助又青姐针对消费者对于新商品的需求进行调查，不能只是停留在问"您这双鞋有符合自己的需求吗"的问题上，或者只是拿照片问消费者"您会买/喜欢这双鞋吗？"因为这些问题所得到的答案很多时候只是模糊不清的，或者只是反映消费者表层的"需求"（needs），而非个人内心深层的"欲求"（wants）。但要怎么样才能知道消费者真正的欲求呢？可以试着从消费者使用经验的了解开始，如"这双鞋您穿起来的感觉如何？有什么不舒服吗？会希望穿着它参加什么活动/场合？"

不同曲线，不同感受（图片来源：维基共享资源）

（2）预防问卷结果与实际销售结果的落差。可口可乐公司总会在新产品上市前，先进行产品满意度的调查。进行某次调查时，他们将几款新饮料先装在纸杯中然后请消费者试喝，并请消费者针对每一款产品评分，得分最高者为当年度公司的首推新品。然而新产品上市后，销售结果却不如调查的预期结果。究竟是什么原因造成销售结果与市场调查结果有所出入呢？可口可乐公司后来发现，原来"包装"不同对消费者造成了不同的影响。当饮料被装在"纸杯"中时，消费者可以专心地比较"味道"的不同；但当饮料被装在"曲线瓶"时，消费者的注意力会被移转到"瓶子"的身上而无法专心品尝味道，当然也就无法分辨新款饮料与其他旧有饮料的差别了。由此可知，当我们在进行新产品"体验"或"满意度"调查时，也请将其他外在因素考虑进去，如场所温度、消费者个人情绪、新产品呈现方式等。此外，如果可以的话，尽量降低新产品在实际上市与体验活动间的差异，以便于该次调查能获得较清楚、完整的信息。

2.2.1.2 观察法

观察法是指研究者根据一定的研究目的、研究提纲或观察表，用自己的感官和辅助工具去直接观察被研究对象，从而获得资料的一种方法。在进行观察时，原则上不宜让被观察者发现自己被他人观察，否则容易表现出不自然的行为。依据观察者的介入程度，观察法又可分为参与式观察（participant observation）与非参与式观察（non - participant observation）。参与式观察是指被观察者知觉到观察者的存在，观察者也可能和被观察者有所互动。这样的好处是研究者身在其中，可以更仔细地观察到所有细节。然而也有其限制，被观察者可能因为注意到观察者的存在，而有所改变或顾虑，导致所收集到的资料真实性略减。例如，营销公司想要了解消费者对于品牌忠诚度的反应，观察者可选择某几个门市，长期观察并记录消费者对该品牌商品的看法与消费行为。例如消费者 A 何时再度消费，最常购买的商品为何。这时候顾客们如果注意到有人在观察他们，对营销公司的好处是可以近距离地观察消费者，但消费者也可能因为发现自己正在被观察，而有不同的行为反应。过去实验就发现，当员工发现有人在观察他们工作的时候，结果无论是实验组或控制组的员工，都因为被观察而工作表现得更好，这正是参与观察可能造成的影响效果。在这样的情况下，我们将无法确认观察的结果是否和消费者日常的行为完全相同。顾客们如果知道有人正在观察他们对该品牌的消费与爱好情况，可能会有不同于日常行为的表现，例如为避免被观察而拒绝消费，这样的观察结果可能与实际结果有所落差，因而无法类推到真实的情境中。

非参与式的观察则常在观察室与实验室之间的墙壁上，装设单面镜（one way mirror），以避免进行观察时干扰被观察者的活动，或引起被观察者的敏感及心理防卫。例如心理学家观察嫌疑犯被侦讯的过程，通常是在另一个房间透过单面镜来观察，避免嫌疑犯发现被观察而有不真实的表现。然而，在消费情境中，研究者若要采取非参与式观察，可考虑借由录像方式或其他外来成员进行观察，以不打扰员工销售或顾客消费为原则，并确保员工与消费者对观察活动并不知情，以避免观察情境失真的可能。

2.2.1.3 实验法

实验法通常是为考验因果关系的方法。实验法中，研究者至少操弄一个自变项，控制其他有关的变项来观察一个或多个依变项的结果。通常是以实验组和对照组来做比较，严谨地控制其他干扰因素，以探讨自变项变动时，依变项变化的情况。例如，主管想了解绩效奖金制度是否会影响第一线销售人员的销售业绩。在这个实验中，自变项是绩效奖金制度，依变项则是第一线销售人员的销售业绩。在研究过程中，必须随机将参与实验的第一线销售人员们分派到实验组或控制组，如果两组在性别或年龄上有明显的差异，或在性格等个人特征上有明显不同，都可能使研究结果有所偏差。例如，实验组的销售人员都是中高龄的工作者，而控制组都是年轻的员工，这时候造成销售业绩不同的结果可能不完全是因为绩效奖金制度所造成的，而可能是因为年龄差异所产生的差别。当然，还有很多因素都会影响到销售业绩（如员工是否对这个商品或公司有认同感等）。所以实验法的整个过程都必须经过严谨的考虑与检核，才能确认依变项的差异是自变项所造成的。而实验法又可分为实地实验法与实验室实验法两种。实地实验法是指在实际现场、消费现场（店家）或教学现场（教室）中，进行实验。例如借由不同的上菜速度，观察消费者的脸部表情与情绪反应；或是借由不同的灯光效果，观察消费者的消费行为。实验室实验法，顾名思义，则是在实验室或模拟的环境中所做的实验。例如在实验室中，观察个人对于不同音乐的脑波反应，餐厅可参考其结果决定放怎样的背景音乐。

2.2.1.4 个案研究法

该方法源自医学领域对病例的研究，主要方式包含了收集资料与评析资料，并提出建议。数据源则包含了观察性资料与既存的数据，例如公开信息或新闻等。个案研究法的优点是可以对个案做深入的探讨，缺点则是收集和评析资料的客观性有待商榷，难免失之主观。然而，商业与消费实务本就难以完全客观，且实际的消费情境千变万化，个案研究法正提供了一种研究弹性，更能切合商业管理的需求。

以个案研究法著名的哈佛管理个案教学，即是结合了心理学的科学研究方法与管理实务，所有的哈佛商业个案均以真实企业与事件为背景，管理学者实际观察个案所处的情境，并巨细靡遗地记录相关的事件发展，最后结合管理理论来分析个案里的各种事件与决策，以探究类似情境中的最佳管理实务。近年来，在企业管理领域，个案教学法已成为热门趋势，各大专院校无不采用个案来训练学生批判性思考，通过呈现最接近真实的管理情境，以讨论的方式解析个案代替传统的课堂讲授，更能引导学生跳脱僵化的线性思考，提早为进入职场成为卓越的管理者做好准备。

2.2.2 质化研究方法

2.2.2.1 深度访谈

深度访谈（in-depth interview）是由受过专业训练的访员对符合资格的受访者（例如潜在消费者），针对主题进行长时间的会谈，以了解消费者内心真正的想法和信念。在各种质性研究方法中，它最能引发受访者表达个人对特定事件或产品的看法，研究者也可通过其主观感受，了解受访者是如何观察他（她）们的世界，并对它做出解释。访谈的形式有很多种，大致可分为三种：结构式访谈、半结构式访谈及非结构式访谈。其中结构式访谈，是由研究者控制谈话的顺序及方向，依照预先拟定的问题进行访问。而半结构式访谈相较于结构式访谈则有较多的弹性空间，研究者可以先列出感兴趣的主题作为访谈指引，但在用字遣词及问题形式上可依访谈的内容而自行调配与更换。非结构式访谈则是免除了标准化的程序或问题，而是凭借研究者与受访者间的社会互动为主，尽管是以一般日常对话为主，但其与日常对话不同的是，它仍是一个有控制的对话，是立基于研究者的研究兴趣上所进行的对话，目的也是在了解受访者对生活与经验世界的解释。其中，访谈可包含如经验/行为、意见/价值、感受、知识、感官与背景/人口特征六大方面，而这些问题在于帮助研究者能够更加精确地诠释受访者行动意义。

2.2.2.2 焦点团体访谈

焦点团体访谈（focus group interview），或称团体深度访谈，是起源于1941年哥伦比亚大学的广播研究处想要评估听众对广播节目的反应。在该研究中，研究者要求某个节目的听众针对他们听到的内容进行情绪反映。例如当他们听到激起负向反应（生气、无聊）时按红钮，当有正向反应

（开心、快乐）时按绿钮。在此节目结束时，听众被要求针对其所记录的正向、负向事件来讨论这些反应的理由，因此开始了焦点团体访谈。目前焦点团体访谈一般包括 8~12 人，由主持人带领讨论活动及确认讨论时不偏离主题，借由开放讨论以便深入了解受访者的想法。主持人特别鼓励受访者表达自己的想法、态度、动机、经验或对此产品的观感等。过去经验显示较小的团体可能会被 1 个或 2 个成员所操纵，但较大的团体则较难管理且会压抑所有成员的参与。一次典型焦点团体讨论（focus group session）会持续 1.5~2.5 小时，虽然焦点团体可在家庭办公室等不同场所进行。现今许多商品在修改或上市前都会先举办小型的座谈会，例如某化妆品消费者讨论会、重型机车同好会等活动。举办这样的商品小组讨论，销售者无非是希望能借由小组讨论的过程，更深入了解大家对于该商品的使用经验、看法与建议，以利于未来产品的进步与推出。

2.2.2.3 扎根法

扎根法（grounded theory）被认为是质化研究中最科学的一种方法。它并非如量化的研究先有一个理论，然后去证实它，而是从一个待研究的领域中萌生出概念和理论。程序上，扎根法视文献为资料，而不是既定导引研究的权威。因此，研究者在开始做研究时，心中并无一个预先构想的理论，而是经由探索与逐步聚焦的数据收集和数据分析方法，找出能解释此现象并扎根在数据中的概念和理论，并通过相关文献来支持理论的呈现。简单来说，此方法是依赖持续比对数据及从数据中浮出的理论，强调单纯从证据中浮现出理论的类别及渐进的个案选取和数据收集方法。相较于其他方法，扎根法更关心特定个案的丰富性与复杂性的描述，不太关心发展理论推论所强调的普遍性和简洁性特色。

2.2.3 研究伦理

心理学研究主要是想了解人类的心理状态与行为，所以心理学家常常要通过对动物或人类进行实验来解答研究问题。由于研究对象是有生命的动物或人类，所以心理学家在进行实验的时候，必须特别注意到动物与人的权利。因此，美国心理学会（APA）制定了一套心理学的专业伦理方针，以关怀照顾受试者。以下我们就简单介绍与管理实务最相关的原则，包含最小风险、事前同意与隐私权。

2.2.3.1 最小风险

当心理研究是以人为研究对象时，最重要也最基本的原则是研究者必须将研究的危险降低至最小的可能性，以确保不会对研究对象产生伤害。美国心理学会对最小风险的指导原则为：在大多数研究中所预期的危险不可大于日常生活会碰到的危险。例如，若要以生产线的员工为实验对象时，必须要注意最小风险原则，在过程中以工作安全为最优先考虑，不能因为实验而增加员工在工作时的危险，甚而造成工作伤害等。

2.2.3.2 事前同意

任何研究的进行，都必须在研究之前取得研究参与者的正式同意。也就是说，研究者必须先让研究参与者充分了解整个研究过程与进行方式，由他们自由决定是否参与研究。如果研究必须对受试者事前保密，则必须在研究结束后尽快对参与者解释相关的程序，让他们了解研究必须事前保密的理由。例如，销售部门若将第一线销售人员分为实验组与控制组来探讨某套销售方式的成效，在实验结束后，销售部门应对控制组员工提供简要说明，甚至安排接受相同训练课程，避免员工因未能事前知情且同意参与实验而产生权益损失。

2.2.3.3 隐私权

任何人的资料都是属于个人私密的资料，研究者必须善尽保密的工作，未经当事人同意，均不得泄露给他人。如研究者必须确保参与者个人信息（如联络电话与地址）不会被作为研究之外的目的来使用，以确保参与者的隐私权。在商业与消费情境中，生产者与消费者的隐私权更是要谨慎处理，所有个人或交易资料都应仅作与消费相关的使用，且避免不必要的第三者知情。例如消费者每月的消费金额都应采取保密，仅可透露给当事人，以避免侵犯消费者个人隐私权。

一言以蔽之，所谓研究伦理就是参与者在研究参与后的心理状态，不能比他/她在进入研究前更糟。下次你就可以用这项标准来检视一项心理学研究，不论是实验、调查，还是心理测验。在商业中运用心理学的研究方法与工具时，也要时常自我检视相关的流程，避免让员工或消费者权益因此遭受损失，而且要善用这些心理学的工具，来了解消费者需求与商品满意和效能的情况。

商心达人——消费者篇

我是主动还是被动的消费者呢

商业心理学的研究对象是消费者，然而，不同的消费者其实有相当迥异的消费行为。因此，在研究时应该要能"对症下药"。同样的，身为消费者的我们，也可以通过上述方式，了解自己的行为，才能更理性地消费。比如，你是主动还是被动的消费者呢？本书对于主动与被动的消费者的界定标准在于：从不同角度（消费者及生产者）观点论述相同的行为。主动的消费者乃是站在"消费者"的立场，认为消费者在消费过程中是握有主导权与选择权的。因为消费者会借由不同的消费来显示自己的特色，或借此凸显自己与他人的不同，例如对许多爱买名牌包包、汽车或相关商品的人而言，名牌除了作为商品品质的保证之外，更重要的是它会让自己有"高"（身份地位）人一等的感觉。反之，被动的消费者，则是站在"资本家"的角度来看消费行为，他们认为任何消费行为的发生都是受到"生产者"的影响。因为，消费者只能在生产者提供的有限商品中做选择。

（1）主动的消费者。

1）炫耀性消费。在现代工业组织中，个人与个人或者家族与家族往往会在漠然的情况下会面，唯一要让他人对自己的金钱力量留下印象的方式是不断显示自己的支付能力。另外，参加集会的机会增多，为了使自己在他人的观察之下能够保持一种自我满足的心情，人们越来越重视炫耀性消费，更甚于炫耀性休闲。同时，个人之间的接触面越广、人口流动性越大，越适合以消费作为获得荣誉的手段。炫耀式消费（conspicuous consumption）是指将财产花于非生产性的活动之上；炫耀式休闲（conspicuous leisure）则是指将时间用于非生产性的活动之上。因此，我们可以发现，城市对于炫耀性消费的支出又较乡村迫切，因为这类现象所引起的反应及有效性在城市更加明显。乡村居民的储蓄和家庭享乐的作用在某种程度上代替了消费的作用，通过邻居们的传播，可以在一定程度上得到金钱荣誉。都市的薪资阶级储蓄的数额小，以储蓄作为宣传手段的有效性低。都市里的机械工人、手工业者以及属于中下层阶级的一般居民，则喜欢在公共场所喝酒、用餐，借由消费表现自己的能力，显示消费确实是证成个人存在价值的手段之一。

2) 彰显你我不同的消费。每个人在社会中会依据其所具备的资本额与资本关系，而被赋予特定的社会位置。而每个社会位置又都有其独特的阶级惯习（habitus）（或品位），借由惯习可以了解每一阶级各自所拥有的生活态度与风格，且可作为每一阶级的区别标准。好比去探究工人吃什么和怎么吃，做什么运动和怎么做，工人的政治意见为何，工人表达个人意见的方式等，这些都可作为有别于资本家的行动。如此一来便可区别好坏、对错、高贵和粗俗等，但这样的区别标准对不同的消费者不见得会有同样的效果。举例来说，同样一个包包对 A 而言可能是高贵的，对 B 却是虚荣的，对 C 甚至是廉价或虚有其表的。

易言之，随着资本主义的扩展，至 20 世纪末期，消费主义盛行，人不再只是被动的消费者，而是主动有选择权的消费者。因为，借由消费的选择可以建立个人的品位，满足个人想要与他人有所区别的需求。

(2) 被动的消费者。

以资本家为主的文化工业。受到马克思观点的影响，法兰克福学派也将消费者定位为被动的角色，即认为消费者与商品的关系，并不是因为消费者个人需要什么，而是受到生产者的控制。法兰克福学派强调文化与意识形态的重要性，代表人物有阿多诺（Theodor Adorno）与霍克海默（Max Horkheimer）。阿多诺与霍克海默提出"文化工业"（cultural industry）一词，他们认为资本主义后期的社会中，社会上所流行的电影、音乐、运动、电视、漫画等娱乐活动，并不是因为消费者的需要而存在，而是来自资本家的创造与主导。原本，工人是逃避机械式工作所带来的苦闷，而企图借由娱乐寻求修补工作所耗损的能量。但不幸的是，娱乐也早已被资本家所控制，他们借由文化工业建构出一个自由选择的假象，让工人误以为能从娱乐中获得解放，但殊不知他们只是落入了资本家的另一个圈套。消费者其实只能被动地在文化工业所提供的选择中，做出个人的选择。

从阿多诺与霍克海默对文化工业的批判中，我们可以了解，在资本主义社会下的休闲与消费，表面上是在娱乐与取悦消费者，但实质上是在强化资本主义的运作。而在大量生产与强迫消费的情境下，消费者看似拥有许多的选择权，但实质仅能在资本家提供的有限选择中做选择。最终，消费者还是只能在资本家的操弄下，做一个顺从且被动的个体而已。

课堂活动

我是理性的消费者

一、目的

（1）分析日常生活中人们常用来摆脱困窘或合理化明显的不理性行为之各种策略，以增进自我了解。

（2）探索各种为自身行为寻找借口方式的意义及影响。

二、说明

（1）人数：不限，4~5人一组。

（2）时间：30~40分钟。

（3）材料："常见借口一览表"每人1份，每人1支笔。

三、程序

（1）老师先说明何谓"找借口"，并指出在尴尬的处境中，人们为挽回面子，常会用各种借口为自己脱困，以维护自尊。例如，当自身的消费行为明显不理性时，或自身的消费行为明显受经营者或广告的主宰时，人们通常会找借口来合理化这些不理性行为。接着，老师以"常见借口一览表"（见附件）为材料，分别举例说明所列的七大类借口。

（2）请每组同学用自己的生活经验中遭遇过的真实事件为背景，例如过度消费致入不敷出，为表上的七大类借口至少各举一个例子，摘记在表上。

（3）请成员继续讨论：

①每一类借口对当事人的意义如何？有什么实时的作用？

②每一类借口对当事人又有何长期的作用？

③哪些是大家最常用的借口？为什么？

④还有哪些借口是表上没有列出的，请增补。

四、附件

表 2-5　常用借口一览表

常见的借口	举例
1. 否认，以减轻责任，或改变责任的归属 （例如："人不是我杀的"）	
2. 重新诠释事情的后果 （例如："事情没那么糟啦"）	
3. 提供其他说辞 （例如："是啦，不过……"）	
4. 强调失控感 （例如："我也没有办法啊"）	
5. 强调非意图性 （例如："我也不想这样啊"）	
6. 强调共识性 （例如："别人也都这样啊"）	
7. 强调一贯性 （例如："我记得以前都是这样的啊"）	

习　题

1. 试比较实证论与诠释论的差异。

2. 请比较量化研究与质化研究的差异。

3. 请列举三种质化研究的方法。

4. 本章介绍了许多消费理论，请任选一个理论进行说明，并请举例说明。

3　消费者的动机与商业行为

商心开讲

　　周末到百货公司、大卖场、夜市走走逛逛已经成为现代人不可或缺的活动之一，但不知大家是否都曾有过"选择越多，越不容易做选择"的困扰？走在淡水老街上到处可见淡水阿给、阿婆铁蛋、酸梅汤的商贩，但到底哪间才是正统的老店？哪间的食物才真的是味美价廉？对于这样的问题与困扰，跟着人群走、询问当地人、出门前事先做好功课或干脆什么都不吃等都曾是我们用来解决问题的方法。但这些解决方式带给我们的经验，也会因为个人对于该商品的期待不同而有不同的反应。比如，抱着品尝美食的期待而寻觅，网络上或美食节目大力推荐的 A 店，特别是当你看到现场长长的排队人龙时，会让你对于 A 店产生某种程度的期待；反之，如果只是为了解肚饿之急，随意走进一间 B 店，则我们对于 B 店食物的期待就会较 A 店来得低。同理，在买东西的时候，不管是"喔，我还少一件这样的衣服"、"这好可爱喔"或"没来过这家店，就不能说你来过这个夜市"等，都显示了消费者不同的想法与消费动机。也正因为消费动机的差异会影响消费者后续的消费行为，所以，对于消费者行为的理解与分析，更是每家业者或商家在商品上市或促销前必做的调查与功课。借由对消费者需求与动机的了解，生产者可以设计出更符合市场需求、与其他商品有所区隔的新品。但面对各式各样及说不尽的消费理由时，究竟影响消费者消费行为产生的最终原因为何？而在各形各色的消费动机背后，其间的差异之处又为何？本章将先厘清动机的内涵，并简介其相关理论，进而区分动机的类型，了解不同类型动机之间的差异与区辨标准。最后，则说明厂商如何利用对消费者需求的了解，界定商品的特色、价格与营销方式。

一条老街，多种选择（图片来源：维基共享资源）

3.1 动机的内涵与相关理论

动机是个人内在的驱动力，因为存在着未获得满足的需求，所以引发的紧张状态。因此，人们为了降低此紧张的状态，并释放他们所感觉到的压力，便会有意或无意地去从事满足需求的行为。图 3–1 的动机历程模式，便说明需求所引发的紧张状态，会驱使个体从事某些行为来满足需求、降低紧张。因此，消费者的需求是现代营销的基础，以"需求"作为营销概念的本质，考验着市场竞争者，谁能够比其他竞争者更精确地掌握、满足消费者的需求，谁就能够在多变的营销环境当中生存、获利。下面将介绍消费者的需求及其相关理论。

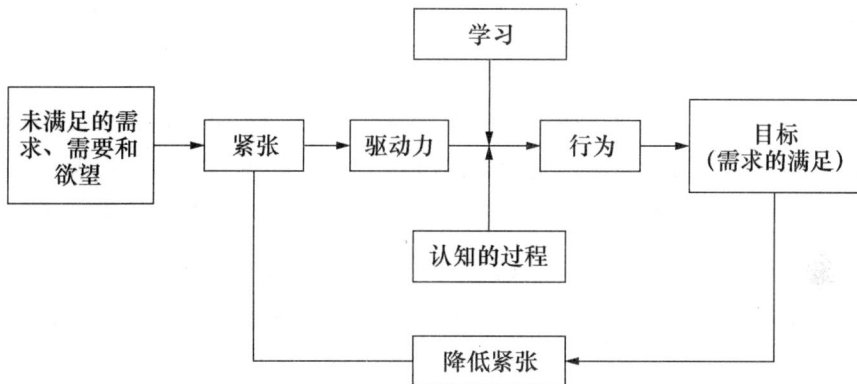

图3-1　消费者之动机历程模式

3.1.1　需求

消费者在进行消费时所持有的动机，基本上是由个人的需求（need）或欲求（want）所导致的。因为个人的消费动机是因个人的需求或欲求而起，不同消费者之间的动机会存在差异。同时，消费动机的差异也随之影响消费者的行为，最终形成多样化的消费行为。比如，夏天为了消暑，消费者对于饮料与冰品的需求增加；冬天为了驱寒，消费者对于熟食与热饮的需求量也会相应增加。由此我们知道，不同的需求与行为是在不同个人特质与环境的交互作用下所产生的。下面将分别介绍生理与心理需求的差异及马斯洛的需求层级理论。

3.1.1.1　先天与后天需求

个人的需求可以依照生理与心理作为区分先天需求与后天需求的标准：①先天需求（innate needs），即维持生命活动之所需，包含对食物、水、空气等的需求，这种需求是属于生理性的，也可以视为主要的需求

（primary needs）；②后天需求（acquired needs），即响应所处的文化或周遭环境，例如对自尊、名誉、情感和权力等的需求，该需求源自个人主观的心理状态，以及和其他人的关系，是属于心理性的。相较于生理需求被视为主要的需求，心理需求则被视为次要的需求（secondary needs）。

3.1.1.2 驱力理论与期望价值理论

呼应先天与后天的需求，驱力理论与期望价值理论也各自提出其理论观点。

（1）驱力理论（drive theory）。强调先天的（生理）需求。认为未被满足的生理需求会刺激个体产生内部的驱力，在内驱力的刺激下，个体会有所反应，而反应的最终结果则是促使需求得到满足。例如当人肚子饿得咕噜咕噜叫的时候，便会产生进食的需要，而当进食需求未被满足时，内驱力会不断刺激个人寻求食物的行为，直到个人进食的需求被满足为止。所以，驱力理论又常被称为"驱力还原论"或"需要满足论"。这种理论观点认为，当消费者的生理需求得不到满足时，就会不断地驱使消费者采取特定的消费行为，以满足其生理的需求。而消费行为的发生就是促使内部驱力降低的主因。

（2）期望价值理论（expectancy value theory）。影响消费者行为的除了先天的（生理）需求之外，后天的（心理）需求也可能是重要的影响因素之一，例如个体依据自己的价值观设定欲求的行为，主要就是受到心理认知的影响。期望价值理论认为，行为的产生是为了想获取某特定期望（目标）所蕴含的价值。换言之，消费行为会受到个人对于目标价值的期待所影响，当该期待价值对消费者个人而言是重要的时候，便会驱动个人对于该目标产生正向的行为。例如因为抱持品尝美食的心态，去寻找电视美食节目或网络口碑良好的食物时，我们对于这些菜不再仅止于"饱"的满足而已，更是追求内在对于美食标准的期待。而这个由外在目标趋动个人行为的过程，显然是受到认知因素的影响。因此，影响消费者行为与否的动力，除了来自内在生理的驱动（例如饥饿、口渴）之外，也受到个人对外在目标之价值（例如商品的品牌、信誉）的预期所影响。

3.1.1.3 马斯洛需求层级理论（hierarchy of human needs）

综合生理与心理需求的发展，马斯洛依据人类需求层级，建构出广为人知的动机理论，共定义了五个基本的需求层级，由低到高依序为生理需求、安全需求、社会需求、自尊需求及自我实现需求。马斯洛认为，人的需求发展是有其固定次序的，人们会先从最低层次的生理需求中寻求满足，然后再寻求更高层次的需求满足。也就是说，当个人的生理需求没有被满足的时候，他不会追求更高一层需求的满足。例如，当一个人处在饥饿状态的时候，其会先寻求食物的满足，而非友谊或地位的满足。图 3－2 是马斯洛的需求层级架构，将五种需求的关系简化为五种截然区分的架构图。但现实中，个人的需求虽然是由低到高逐一地被满足，需求的层次间却会有部分重叠。也就是说，个人在发现低层次需求将获得满足的时候，也会同时开始追求更高一层的需求满足。只是高层次需求对于个人的影响力，没有低层次需求的影响力大。以下将分别介绍马斯洛的五种需求层级：

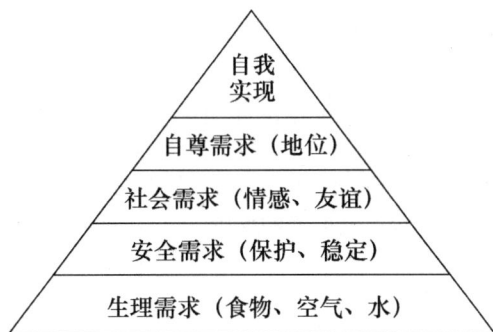

图 3－2 马斯洛的需求层级理论

（1）生理需求（biological needs）。生理需求虽是最低层次但也是最重要的需求，例如食物、水、空气、性欲及健康等。简单来说，生理需求层次是指人想让自己继续活下去的动机，例如肚子饿的时候要吃饭，累的时候要休息。此时，思考能力与道德观等其他需求相对来说显得不重要。例如战乱时，当大家都没有食物可以吃的时候，人们会为了活下去而采取不当手段，比如吃人肉或抢劫等。

（2）安全需求（safety needs）。当个人的生理需求获得满足后，他便开始寻求安全的满足。所谓安全的需求，除了身体上的保护之外，也包含心理上的安全，例如追求生活稳定性、可预测性及可控制性等。而为了满足个人对于安全的需求，政府也推行许多相关的社会与福利政策，例如旅游平安险、重大疾病险等各式各样的社会保险，可以在个人面临意外时提供基本的保障与帮助。此外，失业补助金与新制劳保则旨在保障劳工的工作安全及其权益。

（3）社会需求（social needs）。人是群居的动物，渴望归属感、与他人建立关系，因此也有人际互动、感情、陪伴和友情等需求。当个人的社会需求未被满足的时候，会因为感受不到他人的关怀而否定自己存在的价值。例如为了获得朋友的认同而购买相同品牌的包包或衣服，即便这些品牌并不是自己所喜好的。

（4）自尊需求（esteem needs）。属于较高层次的需求，既包括对成就或自我价值的个人感觉，也包括他人对自己的认可与尊重。例如追求自我的价值感，被认可、社会地位及成就感等。例如拥有与使用苹果计算机，对很多消费者而言是一种品位与美学的象征，因此购买苹果计算机会让自己与别人不一样，是较有品位、懂美学的人。此外，加入贵妇帮、太子帮、名媛、高尔夫球俱乐部会员等都是用来彰显自己财富、社会地位的一种方式。

（5）自我实现的需求（self-actualization needs）。自我实现需求是最高层次的需求。待前面四项需求都能满足，最高层次的需求方能产生，这是一种衍生性需求，以追求自我实现、发挥潜能作为目标。而达到自我实现境界的人，除了能接受自己，也能接受他人。例如现今最红的又青姐——林依晨小姐凭借《我可能不会爱你》再度拿下金钟奖影后后，其演艺生涯又达另一高峰。过去演艺事业上的成就的确让她获得生理、安全、社会关系与自尊的需求，但历经身体病痛与家庭经济负荷的压力，她慢慢体会到人生不再只是为了别人、为了生活而活。未来她将为了自我实现（帮助弱势妇女）而努力工作与募款。

马斯洛的需求层级理论有其应用的局限性：一是其过于简化需求的类型与发展；二是其过于强调需求层级的次序性，认为人的需求必定是由低到高地发展；三是其有文化发展的局限性。马斯洛的需求发展顺序，也许适用西方的社会，但放诸其他非西方社会却未必获得支持。从社会认知的观点来看，东方与西方文化的差异会影响到个人价值观、认知与行为的发展。相较于西方文化对于个人主义（individualism）的强调，东方文化强调集体主义（collectivism），重视群体归属（社会需求）胜于个人的成功（自尊需求）。因此，对于非西方社会而言，个人需求层级的发展也许与马斯洛的需求层级理论有所差异。例如，在儒家文化的影响下，"牺牲小我，完成大我"被许多东方国家视为良好的美德。

综上所述，消费动机的形成可能是先天的或后天的，也可能来自个人与外在环境交互作用的结果。因此，在厘清消费者的消费动机时，不能仅以单一的标准作为衡量，而需从多个方面探讨消费者动机的形成与作用。

商心达人 ——经营者篇

一样卖车，多样需求

看了上述马斯洛的需求层级理论，我们来牛刀小试一下，同样是卖车，是否可以通过不同的卖车手法，满足消费者不同层次的需求。请看下面五种营销手法，再判断商品主要能满足消费者的哪一种需求（答案在下面）。

A. 三代同堂出游去，AARV 了解你对家的责任。

B. 为生活忙碌需要这样风吹日晒雨淋吗？你可以开着小 B，省油、好停车，每月 5999 元，吃喝玩乐就靠它了。

好车，不选吗（图片来源：维基共享资源）

（答案 A. 人际需求；B. 生理需求；C. 自我实现需求；D. 安全需求；E. 自尊需求）

C. 成功是再突破。拥有 CC，实现你毕生追求的梦想。

D. 你的生命，不应该是皮包着铁，应该是铁包着皮，DD 用七颗气囊守护你。

E. 极致的奢华，只为尊荣的你。立刻入主 EE，还送 60 寸电视屏幕。

3.1.2　目标

3.1.2.1　一般性及特定性目标

目标是指行为所欲达成的结果。可分为：一般性目标（genericgoals），指能满足某种需求的概括性目标类别；产品特定性目标（product - specific goals），指消费者以特定品牌的产品及服务为目标。一般而言，个体会根据自己的价值观，设定欲求的目的（目标），并选择能达成目的的方法或行为。比如以"健康"为例，每个人要保持身体健康（目标），会采用不同的方法（如运动、有机饮食），与这些方法有关的产品业者（如健身用具、有机蔬菜）必须告知消费者，使用此特定产品对健康的帮助，才能提高消费者的消费意愿。又或是现今女性趋之若鹜的"美白"商品，只要是任何打上具有美白功效的保养品、食品或化妆品都会对消费者产生一定的消费刺激。换言之，当营销人员能将一般性目标与特定产品进行联结时，则容易达到促销的效果。

3.1.2.2　需求与目标间相依性

需求与目标是互相关联的，无法脱离另一者而存在。然而人们通常只知道他们的目标，而较少意识到需求。个体尚能意识到生理方面的需求，却容易忽略心理的需求，但仍会下意识地从事某些行为，以满足心理性需求。例如，有人在压力大的时候容易出现暴饮暴食的现象，但此时并不是为了满足"进食"的生理需求，而是满足"舒压"的心理需求。又或是当人疯狂地进行购物时，多半不是因为生活上真的需要，而是满足内在购物瘾的需求。

3.2　动机的类型与冲突

购买行为的发生主要受到消费者动机的影响，而不同的消费动机也展现了不同的消费行为。从动机的内涵中我们知道，消费行为是对消费者需求与目标的满足。换言之，消费者动机类型的展现，也是消费者需求类型的差异。以下将介绍消费者的动机类型，并了解不同动机相遇时彼此可能产生的冲突情况。

3.2.1　动机的类型

3.2.1.1　生理性与心理性动机

人们天生就具备以及维持生命活动之所需，包含对食物、水、空气等的需求，而这种需求可称为生理性动机。反之，为回应特定文化或周遭环境，包括对自尊、情感、权力或归属感等的需求，此乃源自于个人主观的心理状态，以及和其他人的关系，则归属于心理性动机。

3.2.1.2　功能性、享乐性与象征性动机

除了生理性与心理性的动机之外，功能性（utilitarian）、享乐性（hedonic）与象征性（symbolic）动机的满足也会影响消费者的消费行为。功能性动机是指消费者在进行消费时，会强调该消费品的实质与客观功能，例如洗衣机的洗净力与使用年限、电池的使用时间、电暖炉的保暖效果等。享乐性动机则是指消费者借由消费满足其个人对于感官快乐的需要。消费者会依据个人的主观感觉与经验，而产生不同的感官需求，例如看电影、唱歌等视听娱乐消费，能满足个人超越平凡日常生活的幻想与舒压的需求；上健身房，则可满足个人想运动却又不想晒黑的需求。象征性动机则是为了满足自己对自己的角色设定，以及形塑其他人如何看待自己的需求，例如LV、Gucci、Apple与保时捷等品牌都各有其拥护与支持者，而使用这些品牌的爱用者，也都在昭示着各自的特色与差异。

3.2.1.3 理性与情绪动机

理性动机采自传统经济学观点，认为消费者在进行决策时，会仔细思量所有可能的方案，并选择能提供最大利益者。换言之，在营销的情境当中，消费者在选择目标时，会以客观的准则为理性的衡量，例如尺寸、重量、价格等。例如在购买笔记本电脑的时候，会仔细比较各家商品的特色、尺寸大小、重量与价格。对女性而言，选择一个重量轻、尺寸小与价格廉的平板电脑，会远比"计算机速度快"还更能吸引人。情绪动机代表消费者根据个人或主观性准则，以进行选择决策。例如，身份地位、情感、恐惧等，又或是有时是在店家或是他人的煽动下而冲动购物。例如，当店家对消费者表露出轻蔑或瞧不起的时候，许多消费者常在愤怒的情绪下而冲动购物。

3.2.1.4 正向与负向动机

动机中蕴含着不同的方向性与价值，可以是正向需求或负向需求，也可以是正向目标或负向目标。但当不同价值的目标或需求碰在一起时，就会产生不同效果的影响。正向动机（positive motivation）指的是一种需求或欲望，受到这一股驱动力的影响，可能促使我们想拥有某种物体或想到达某种情境。反之，负向动机（negative motivation）则体现了一种恐惧或反感，受到这股驱动力的影响，可能使我们抗拒某种物体或逃避某种情境。比如在考虑要不要买车的时候，如果想到买车之后，不仅可以节省交通时间，也可以避免下雨天却没带伞的窘境，且可以提高外出的自主性，不用太依赖其他有车的朋友（正向动机），就会加深消费者决定买车的动机；反之，如果过于害怕开车上路与交通事故的发生，或不想负担高额的停车费时（负向动机），就会降低消费者买车的动机。

商心小常识

你冲动了吗

通过上述的说明，你知道购物动机可以分成很多种，其中除了理性动机之外，冲动性购物（情绪动机）也是现在常见的消费行为之一。具体来说，冲动性购物可分为以下四种：

（1）纯冲动性购买（pure impulse buying）。该类型购物行为的发生纯粹是因为一时的好奇心，而非经过合理的评估与思考。例如，在商品特卖会的现场大买特买，并不是因为需要，也不是要送人，只是因为大家都在抢，自己就跟着抢。

（2）回忆性冲动购买（reminder impulse buying）。受到广告信息或曾看过朋友使用的印象影响，甚或是以为个人用完而重新购买相同商品的行为。例如，冬季的到来容易让许多人皮肤变得干燥、发痒，想到去年自己深受其害，而去买 1 瓶网络一致推荐的润肤产品就是该类型的消费行为，却忽略了家里可能还有一瓶没用完的。

（3）建议性冲动购买（suggestion impulse buying）。消费者第一次看到某商品，即便没有该商品的相关信息，也决定买下来。例如在大卖场看到维生素 B 等健康药品在特价，即便自己并不了解该维生素 B 的剂量、食用方式，但觉得该商品对身体有益，就决定买回家。建议性冲动购买与纯冲动性购买的差别在于，建议性购买有经过理性考虑后的消费行为；纯冲动性购买行为则是完全受到情绪的影响而购物。

（4）计划性冲动购买（planned impulse buying）。消费者在进入商店之前已预先拟好消费清单，例如在百货公司周年庆的时候，许多消费者都会预先做好功课，了解各百货公司的特卖商品、优惠商品等。

随着我们的介绍及自我反思，你是否也越来越了解自己的消费行为呢？是否发现过往很多消费行为都不是出于自己的需求，而是受到情绪、朋友、个人人格特质、外部环境（商人营销手段）影响而创造出来，让人误以为是需求的欲求？从现在起，试着当个停、看、听的消费者吧！不要只是抒发情绪，因为别人的煽动而购买，试着在购买前"停"下来思考片刻：我真的需要吗？这个商品真的是最好或这个价格真的是最便宜的吗？可以再多走走、多"看看"，甚或是借由多"听"，例如询问身边友人相关商品的经验，以做出最适合的判断与消费行为。

3.2.2　动机的冲突

消费者的购买决策通常包含一种以上的动机来源，因而会出现不同的行为趋向，当多个并存的动机无法同时获得满足，甚至互相排斥时，可能

51

引起个体的内在冲突。所谓"正向目标"是指当个体为了达成特定目的，而从事某种趋近（approach）行为。例如初入职场的新人，为了想让自己看起来比较专业，就会购买西装、套装或高跟鞋等服装。反之，"负向目标"则是个体为了达成特定目的，而从事某种规避（avoidance）行为。例如为了避免流汗所产生的臭味，而购买香水或体香剂。但当正向目标与负向目标产生冲突时，就容易产生动机冲突，常见的冲突为以下三种类型，如图 3 - 3 所示。

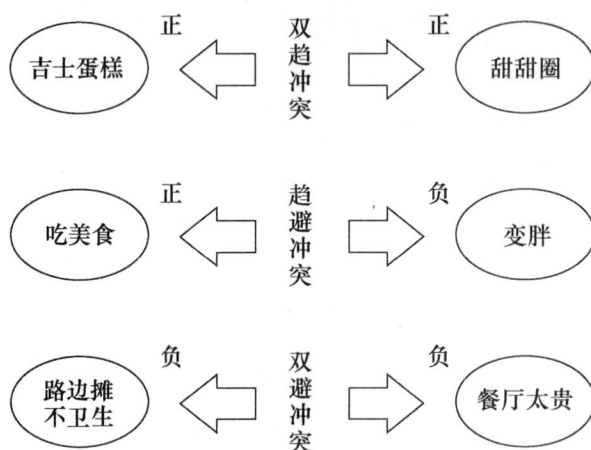

图 3 - 3 常见之动机冲突类型

3.2.2.1 双趋冲突

双趋冲突（approach - approach conflict）是指一个人必须在两种正向需求中做选择。如当一个人肚子饿但又不能吃太多东西的时候，他（她）必须在"吉士蛋糕"与"甜甜圈"两者中做一个选择，但吉士蛋糕和甜甜圈都是他爱吃的甜点之一。此时便造成他难以取舍的冲突。

3.2.2.2 趋避冲突

当我们对某项商品产生需求的同时，相对的也可能害怕该需求所带来的负向效果。例如当我们渴望大吃美食，却又害怕美食导致肥胖。因此，所谓的趋避冲突（approach - avoidance conflict）是指当我们在追求需求满足的同时，却又希望能避免该需求满足时所产生的负面效果。解决这种正向需求与负向结果冲突的办法，就如主张"少油、少盐与低热量"的料理

52

方式，甚或是对"无糖"美食的强调，例如无糖月饼、少油与少盐的纤体特餐等，都是企图以降低消费者对负向后果的害怕与满足正向需求后的罪恶感，作为行销该产品的特色与策略。

3.2.2.3　双避冲突

有时消费者对于眼前的两种选择，会倾向都拒绝的态度。例如在路边摊用餐，会觉得用餐环境或料理方式不卫生；但到餐厅用餐，又怕太贵。因此，当消费者面临两种都不是很想要的选择时，就面临双避冲突（avoidance – avoidance conflict）的态度与选择。此时，商家若以薄利多销为出发点，推出优质用餐环境却物美价廉的商品，就能解决消费者的双避冲突，进而吸引消费者上门。

商心达人 ——消费者篇

为什么要过节

近年来，中国台湾虽然慢慢简化了传统文化的繁文缛节，但"过节"的需求似乎不减反增。不论是西洋情人节、中国七夕情人节、母亲节、中秋节、万圣节、圣诞节、春节等都成为商家们销售商品的好档期。除了重要节日之外，周年庆活动，更是攸关各大百货公司当年度营业额的重要活动之一。但对于消费者而言，究竟是真的因为需求而消费（理性消费）？还是为了消费而消费（非理性消费）？理性思考一下，感谢伴侣、父母与朋友同欢的活动，这些活动与谢意在平常就可以表示，何必一定要等到情人节才请对方吃大餐？或者是在父亲节或母亲节更能表示谢意？再者，万圣节、圣诞节、复活节等活动对于西方国家或许有其文化意涵与重要性，但对中国台湾人而言，过这些西方节日的意涵是什么？

上述提问的目的并不是要大家不要"过节"，而是希望消费者在消费的时候能够稍稍理性一下，仔细思考"过节"对于自己的意义为何。这样的消费是否真能满足自己的需求，或只是花钱买个"有样学样"的空虚。消费动机除了有多元形式之外，也有强度与方向性。所谓动机强度是指消费者为满足某特定需求的驱力强烈程度。在讨论需求重要性如何影响动机强度的时候，也可从消费者的涉入（involvement）程度来考虑。所谓消费者的涉入程度，是指一个对象物（object）或行为与个人发生关联的程度。当该对象物或行为能满足个人需求的程度越高时，则与个人的关联程度越大。涉入包含以下几种类型：

（1）产品涉入。所谓产品涉入是指消费者在产品种类上所感兴趣的程度。例如女性喜欢衣服、包包；男性喜欢汽车。

（2）品牌涉入。品牌涉入则是指消费者在做品牌选择上的兴趣程度。例如苹果迷会期待 iPhone 6 的问世。

（3）购买情境涉入。购买情境涉入是指消费者在不同动机下，购买相同产品时所可能产生的差异情况。例如对"重色轻友"的人而言，帮另一半准备便当时，会以为对方好而用心准备，即便是绕路也不嫌辛苦。但如果真是帮朋友买便当，多半会顺路或是就近买为优先考量。

（4）信息—反应涉入。又称广告涉入，是指消费者（收讯者）对信息的注意程度。对该商品或消费信息越注意的人，越容易花更多时间在信息的搜集与阅读上。

由此可知，受到个人、产品、情境或其他特殊因素的影响，会影响消费者对事物的知觉。所以，在"过节风"的鼓吹下，对消费者而言，究竟是真的需要，还是不自觉地又被店家的营销手法成功地收服呢？这都依赖聪明的消费者们未来在疯过节时的自行判断与厘清。可试着从自己需求该商品的动机强度来做判断！

▶▶ 3.3 动机与消费者区隔

对营销人员而言，马斯洛的需求动机理论仍提供了他们满足消费者各个不同层次需求的产品构想。它的应用性可表现在两个方面：①促使营销人员将广告诉求集中于目标消费者所重视的需求上；②有助于产品定位及重新定位。但是消费市场瞬息万变，消费者的喜好在变，竞争对手的策略在变，整体社会环境也在变。企业需先对当前市场有所了解，才能推出成功的产品或服务。市场分析便是对消费者、公司内部优劣势、当前与潜在竞争对手，以及外在环境进行分析的过程。正确的市场分析可帮助企业掌握商品的供需比例，在满足市场需求的同时也为企业带来效益。

3.3.1   消费者区隔的目的

如果每个消费者的偏好与需求都一样，便不需要进行市场区隔。正因为人们的喜好有所不同，所以市场区隔可为厂商达到多重目的。

3.3.1.1   满足不同消费者的需求

市场区隔可针对有相似喜好或需求的消费族群，发展相对应的商品与服务，满足该族群的需要。例如，以"鞋子"这项产品来说，就有为矫正或协助婴儿走路的"婴儿鞋"；展现成熟女性婀娜多姿体态的"高跟鞋"；防雨、保温又美观的"靴子"；强调透气与弹性佳的"运动鞋"等，便是针对不同消费族群的健康需求，拟定营销策略，企图吸引目标消费者购买，并达到最高的满意度。

3.3.1.2   重新定位（repositioning）

分析目标消费群体的特性有助于营销人员正确定位产品，若发现产品与消费者需求有落差，可及早进行修正或重新设计，以符合消费者的需要。或者，也可不修改产品，转而寻找更适合该产品的消费族群。两种做法皆可减少产品上市后的损失。比如，蚬精、四物饮、青木瓜四物饮等尽管都是标榜有助身体健康的饮品，但其消费对象却不尽相同。青木瓜四物饮是以"年轻还在发育的女性"为对象，"四物饮"与"蚬精"则是分别以"女性"、"男性"为主要销售对象。

3.3.1.3   选择最适合的广告媒体

消费者的喜好同样反映在所收看的电视节目、报纸杂志或广播等上。以电视节目来说，早上的收视族群以退休银发族、家庭主妇居多，偶像剧、日剧、韩剧则是少男少女的最爱，政论节目则多以男性或热中政治者为主，了解收视族群的属性才能买对电视频道和广告时段。换言之，几乎所有广告媒介（电视、广播、报纸、杂志等）的营销者都会使用区隔研究去发掘他们的视（听）众的特性，让广告发挥最高效益。

3.3.1.4   拓展市场规模

当产品定位正确、选择了最适合的广告媒体后，营销策略才得以发挥最大效益，在满足目标消费者需求的同时也为厂商带来丰厚的利润。因此，消费市场的区分不仅有前述三项目的，最终目标是逐步拓展市场规模，为厂商带来源源不绝的利润。

3.3.2 产品定位与营销组合

经过重重努力，定义出具体的消费市场区隔后，下一步便是让产品有适当的定位，使目标消费者对产品留下深刻印象，进而成为购买时的首选。

3.3.2.1 产品定位

产品定位（product positioning）是指如何让产品重要属性在消费者心中占据鲜明地位，并与其他竞争厂商有所区别。产品定位的重要性在于可让营销者产生竞争优势，也能与竞争厂商产生差异化。如半夜想要买东西或喝杯热咖啡，你一定会想到"无所不在的 7 – eleven"；讲到牙膏，"黑人牙膏"是许多人的选择；在中国台湾地区夜间搭乘计程车时，"55688"是许多人的首选；等等。

3.3.2.2 产品差异化

为求消费者对产品有更鲜明的记忆，营销者为产品定位以寻求差异化的过程中，可从产品、服务、人员与形象等方向思考。产品差异化（product differentiation）是指产品内涵与其他竞争商品有明显不同的地方，包括属性差异、质量差异、设计差异等。如近年来中国台湾地区纺织业萎缩，市售成衣多是中国、越南或马来西亚制品，而强调素材，中国台湾地区生产的"MIT"产品凭借着"安心材质与高质感"的产品定位，跃身成为市场宠儿。而除了商品本身，营销人员也可利用产品的附加价值（如快速、准确、完善、亲切等）来定位以创造优势，此为服务差异（service differentiation）。例如，五星级饭店推出"饭店管家"服务。所谓饭店管家式服务，主要是比一般饭店多了客制化的客房服务。每间客房的房客都会有一名服务管家，这一位管家会在房客进住前就先针对客人的习性以及背景进行了解，以确保房客在住宿期间可以得到最完善的服务。另外，公司也可训练比其他竞争厂商素质更佳的人员创造优势，此为人员差异（people differentiation）。例如，已拿下多年顾客满意度第一名的统一超商便十分注重店员的应答与收银程序，还要不时地说"欢迎光临"，就算顾客只是买个饮料、零食，也都备受尊重。

3.3.2.3 营销组合

营销组合（marketing mix）是指营销人员依据公司的目标原则所拟订的一套营销计划，以满足区隔市场的需要。营销组合包括产品（product）、价格（price）、促销（promotion）、市场（place）四个部分，简称4P。营销组合是营销人员推行活动的参考依据，上述营销组合观念是站在卖方的立场，不过近来已出现以买方［消费者（consumer）或顾客（customer）］为观点来定义营销组合的声音。所谓买方观点便是每项营销组合都能够传达顾客的利益，以消费者的想法为出发点。因为对消费者动机的了解，我们也可略微了解企业对于消费者市场了解的必须性，但碍于篇幅的关系，完善的市场分析讨论将留待后续章节进行更进一步的讨论。

商心达人 ——经营者篇

保证最省

受到经济衰退的影响，"共体时艰"不仅是中国台湾地方当局的口号、消费者的心声，也是商品广告的主要诉求。时常就可听见某商家打着"10元店"、"什么都涨，就是我不涨"的口号，吸引消费者上门。其中，最著名的成功案例莫过于"全联福利中心"的营销广告。在顶好、松青超市等连锁超市及24小时便利超商的夹击下，"全联福利中心"以"节省营销费用，给你更便宜的价格"在超市业中重新站稳脚跟。下面是全联广告的经典台词。

地点：全联福利中心豪华旗舰店
广告词："没有附设停车场"、"没有宽敞的走道"、"没有宅配服务"、"我们省下钱，给你更便宜的价格"，"全联福利中心实在真便宜"。

有时候公司销售业绩的完成，除了商品的多元性或价格高低的因素之外，能否掌握民众需求与心声更为重要。

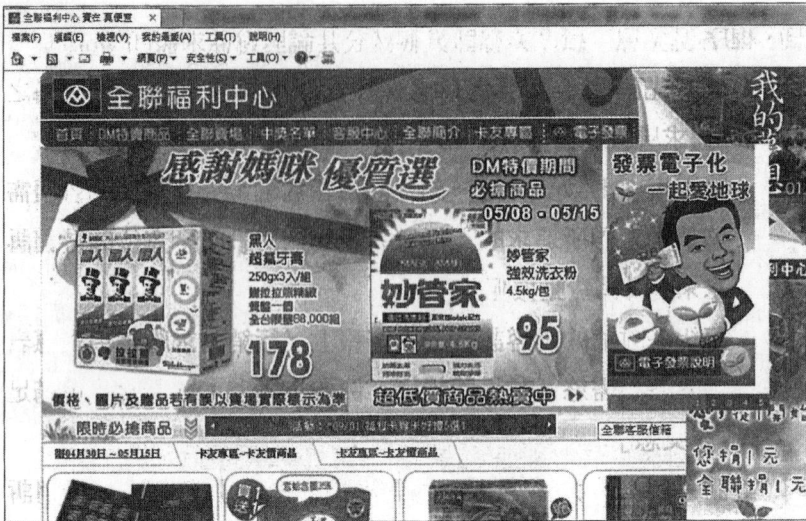

"全联"保证最省（图片来源：www.pxmart.com.tw/全联福利中心）

课堂活动

人生需欲与消费满足

一、目的

（1）剖析人类"欲望"与"需求"的种类与内涵，了解这些需求与欲望正是人们"消费动机"的基础，提供这些需求与欲望的满足也可作为产品营销的手段。

（2）厘清自身最在意与重视的需欲，理解这些需欲正是自己的最强烈的消费动机，理性地规划生活，达成这些需欲的满足。

二、材料

（1）每人一张"人类生存需欲表"（如附件）。

（2）每组一张大字报，彩色笔一盒。

三、程序

（1）老师先讲解"人类生存需欲表"的内容，可参考马斯洛的"需求层级理论"。

（2）将学生3～4人分成一组，请每组讨论：如果表中的各项需欲都是人们所追求的，营销人员要如何设计全方位的营销诉求来提升消费动机呢？

（3）每组将讨论的内容记录在大字报上。营销诉求应逐项对应表中的各类需欲，越具体越好。例如，举办"歌友会"可满足"社交欲"。

（4）请各组分享大字报，并投票选出最有吸引力的三项营销诉求，再引导全班讨论这三项营销诉求的可行性。此时宜纳入经营者立场，如成本与效益分析。

四、附件

人类生存需欲表

高层欲望	求知欲 真理、智慧、成长	成就欲 创造、功成名就	表现欲 自尊、受肯定称许
中级欲望	社交欲 友谊、同伴	欲望 需求	物欲 物质、金钱
基本欲望	性爱欲 爱情、性欲、情感	生命欲 健康、年轻、活力	食欲 美食、佳肴

习　题

1. 马斯洛的需求层级理论共分为哪几个层次？每一层次请各举一例说明。

2. 请描述动机冲突的三种类型，并各举一例说明。

3. 何谓"一般性目标"与"产品特定性目标"？试举例说明。

4. 请说明"市场区隔"的目的。

4 消费者的人格与商业行为

商心开讲

近年来，中国台湾经济虽然陷入"寒冬"，呈现成长疲软的现象，但饮食业却在这波不景气中逆势成长，许多知名饮食品牌却接连挂牌上市，如大成餐饮集团与王品集团。王品集团 2012 年营收高达新台币 101.7 亿元，比 2011 年同期成长 28.86%，集团旗下则包含王品牛排、TASTY 西堤牛排、陶板屋和风创作料理、夏慕尼新香榭铁板烧、石二锅、舒果新米兰蔬食、曼咖啡等 11 个品牌。"美味的食物"、"贴心的服务"是一般消费者对于王品集团的印象，但除了美食与服务之外，"王品"与其他餐饮业的品牌有何不同？为什么能在竞争激烈的餐饮业脱颖而出，且成功打入中国内地市场呢？在中国台湾，如果问四五年级学生，电饭锅要买哪一牌？相信十个会有九个跟你推荐"大同电饭锅"。大同电饭锅在中国台湾之所以出名，除了它长久的历史之外，其质量耐用及多用途的功能深得许多消费者的推崇，因而建立起良好的消费者口碑。再者，因为大同电饭锅是采用机械控制式的简单设计，得以有效降低成本，也使得大同电饭锅能够以较平实的价格攻占市场，深入各种阶层的用户家庭。由此可知，品牌人格，

60

不是销售的保证，但却是产品区隔不可或缺的要素。在本章中，我们将先为读者介绍"品牌"的特性，并从消费者端介绍几个与消费行为有关的人格特质，最后进一步地探讨品牌形象与消费者的自我形象之间的关联。

▶▶ 4.1 品牌人格

品牌人格（brand personality）是指品牌被认定的"特性"。在厂商的特地形塑之下，让原本只是静态的符号、数字、名称就像是人一样，具有自己的个性、特征，供不同类型的消费者前来购买。

4.1.1 品牌拟人化

借由将品牌拟人化（brand personification），可赋予品牌人类的特性，让消费者对品牌产生诸如"可爱的"、"优雅的"、"朝气蓬勃的"等各式描述，仿佛是在描述活生生的人一般。品牌自创的卡通人物或使用神话故事中的主角都有助于将品牌转化为一个具体的形象。例如，谈到台湾本土人寿品牌——台湾人寿，许多人都会联想到在广告中蹦蹦跳跳的卡通角色"台湾阿龙"。借由塑造健康、可爱的形象，意图让消费者看到台湾阿龙，就像看到一个亲切的好朋友一般。或是像裕隆汽车自有品牌"LUXGEN"，不论是品牌名称所欲传达的奢华（luxury）与智能（genius），或是媒体广告中完美的女机器人，皆成功塑造出"智能车"的形象，与市场上其他车款有所区隔。本章一开始所介绍的王品集团品牌，"只款待心中最重要的人"塑造出用心服务的亲民形象，与市场上其他餐饮品牌有所区隔。

4.1.2 产品人格与性别

形成产品人格时，通常会赋予产品或品牌一个性别。性别指派是品牌人格的一部分，而且需符合市场实情。也就是说，必须和消费者对该产品或服务的性别看法雷同。如此一来，对营销人员而言，更容易选择适当的视觉和文案信息。例如台新银行"玫瑰卡"，企图借由"玫瑰"代表"女性"，以"认真的女人最美丽"为产品形象，希望引起 20~35 岁、现代、都会、有自信女性的认同。因为"认真"是一种生活态度、消费主张；"美丽"则是女人热衷追求，喜爱被赞美的心理。继之发行"玫瑰白金卡"，则锁定 30~55 岁成熟且事业成功的女性，强调这些女性不但"懂得爱，更值得被宠爱"，更提供这些女性卡友在美丽、美食、购物、旅游四个层面更高级的礼遇优惠。相较"玫瑰卡"主攻女性市场，"太阳卡"则是以"太阳"来象征力量、活力及生生不息的精神，希望吸引 25~40 岁对生活及工作态度积极投入的男性都会上班族，因为，充满活力、追求自我、散发阳光般魅力、勇于接受挑战、不断突破，可作为男性独特自我风格的象征。

此外，各式机车也有性别之分，50c.c. 和 90c.c. 的车款大多强调轻巧、可爱的特性，125c.c. 和 150c.c. 的车款则着重于速度或性能。前者以女性为目标市场，在商品的命名、色彩、造型与广告设计上便走阴柔的女性化路线；后者多以男性为目标市场，整体设计也较强调阳刚的形象。

4.1.3 人格与色彩

色彩也能够与人格相联结，例如红色代表兴奋、刺激；蓝色代表尊敬、权力；黄色代表谨慎、新奇、暂时、温暖；绿色代表安全、自然、放松、生动。风行世界百余年的可口可乐，商标与瓶身便是使用大红色，贴近其碳酸饮料刺激的本质。知名巧克力品牌 M&M，巧克力豆的缤纷颜色各有其代表意义，如"红色豆"意涵着自命不凡的优越感，它可以让消费者觉得自己是多么与众不同；"黄色豆"性格表现为单纯，懦弱，又常常憨厚地展现"赤子之心"；"绿色豆"象征丰富的生命力，具备机智好强的个性。此外，各家糕饼厂商所推出的弥月礼盒，不外乎是鹅黄色、粉蓝色或粉红色的包装，其用意便是通过色彩使产品与小婴儿相联结，让收礼的人也能感受到新生命诞生的喜悦。

商心达人 ——经营者篇

W - Hotel：给您 WOW 的感动服务

2011 年 2 月 4 日，W 酒店全球第 39 家饭店，中国台北 W 酒店于台北市经济中心信义区开幕。"跳出单调刻板,让人处处感到惊喜",是 W 酒店的信念,也是其吸引人之处,这份坚持也让不同城市的"W"皆各具特色;自然与科技共生(Nature Electrified)成为同时拥有自然景色与高科技产业之台北"W"的特色。台北 W 酒店,为伦敦著名设计公司 G. A. 国际设计(G. A. Design International Ltd.)作品,饭店外部由闪亮的玻璃构成。高达 31 层的台北 W 酒店是唯一能纵览台北 101 全景的饭店。W 酒店全球品牌总裁伊娃·齐格勒(Eva Ziegler)说道:"台北 W 酒店将为这座城市的饭店产业开启新的篇章,为台北注入全新精彩活力。"

W - Hotel 隶属喜达屋酒店及度假酒店国际集团(Starwood Hotels),该集团目前在全球 80 个国家中共拥有 750 间饭店及 11 万名员工。1998 年,W - Hotel 第一间店于纽约开幕。W - Hotel 对细节的关注使之与众不同,近年来陆续精心打造出近 40 多家各具特色的 W 系列饭店,而这每每令人瞠目结舌的"W - Hotels",早已稳稳奠定它在"时尚设计饭店王国"的翘楚地位。

W 饭店的经营理念在于成为各城市文化的中心,以时尚、音乐、创新设计、注重艺术与流行文化等创新风格吸引金字塔顶端的客户。此外,W酒店注重当地特色,每一间 W 饭店的建造均基于结合当地特色的概念上。企图借由保留当地风情的同时,也能凸显国际化、追求创新、强调艺术设计的建筑风格,这也正是 W 酒店与一些著名设计大师紧密合作的原因,从而为每一个 W 酒店发展出令人印象深刻的设计概念。例如香港 W 饭店以中国五行为主要设计概念,台北 W 饭店以自然与科技共生(Natural Electrified)为主要设计理念。

W 酒店品牌的建立主要是希望能给顾客温馨(Warm)、机智(Witty)、欢迎(Welcome)、美好的(Wonderful)及惊叹(Wow)的感受。因此,除了令人惊艳的建筑之外,"Whatever"与"Whenever"等随时与极尽所能的贴心服务,也是让 W 酒店成为高档酒店、消费者趋之若鹜的重要因素。

资料来源:W - Hotel 潮气台北,http://orientaldaily.on.cc/cnt/lifestyle/20110812/00294_ 001. html。

4.2 消费者的人格类型

人格（personality）是人们内在的心理特征，决定与反映出个体面对环境的响应方式，具有跨时间、跨地点的相对稳定性。这样的定义强调的是内在特征（inner characteristics），指出个体有别于他人的特性、属性、特质、要素及习惯。人格受到先天遗传、后天生长环境，以及当下所处情境三者的交互影响，虽然人格可能会随着时间与特定事件而有所变化，但个体的"核心人格特质"却是相当稳定持久的。由于人格具有如此根深蒂固的特征，在个人选择产品时便扮演了举足轻重的角色。因此，确认与消费者行为有关的人格特征，对于开发市场区隔的策略及提升产品或服务的沟通效果，都是非常有用的。以下先介绍三种主要的人格理论说明人格的形成，然后介绍与消费者行为相关的人格概念。

4.2.1 人格理论

4.2.1.1 心理分析论

心理分析论由弗洛伊德（Freud）提出，他认为人格结构包含三个部分：本我、自我与超我。人格各部分都各有其功能，彼此相互影响，成为支配个人行为的内在力量。每个人的人格便是这三股力量彼此作用的结果。

（1）本我（id），本我是人格结构中最原始的本能部分，人类的饥、渴、性、睡眠等基本生理需求都属于本我。当本我需求产生时，个人为了得到立即满足，就以自我为中心，依循快乐原则（pleasure principle）与初级的思维过程（primary – process thinking）来满足本能的冲动。

（2）自我（ego），自我是由本我分化而来。如果本我的各种需求在现实环境中不能立即获得满足，个人只好迁就现实，因此自我遵循现实原则（reality principle）。这个时候，个人的行为会依循社会的规范、礼仪、习俗、法律等，对各种问题做理性思考。弗洛伊德将这种思考模式，称为次级的思维过程（secondary‐process thinking）。

（3）超我（superego）。超我是人格结构中最高层次的部分。个人在生活中，接受父母教养、学校教育以及社会文化道德规范，学习是非善恶，逐渐内化形成超我。因此，超我是人格结构中的道德与自我理想部分，超我是遵循完美原则（perfection principle）。

个人的本我，为了获得立即满足的欲望，会促使自我与超我之间产生冲突。本我、自我与超我三者之间，如果能和谐调节与运作，则个人的人格就能够正常发展。假如本我太强，容易产生窃取他人财物、攻击或性暴力等行为；自我如果太强，容易产生重视现实，处处讲求利害关系；假如超我太强，容易产生罪恶感，这样也不利人格的健全发展。

4.2.1.2　特质论

特质论（trait theory of personality）主张人各有其性格的特质。人格特质是指在不同情境之下仍然相当稳定的性格特征。相较于其他理论派别，特质论是计量取向，目的在于发展各式不同的特质分类。不同学者提出的特质分类架构或有不同，但其基本假设是一样的。特质论认为每个人都有相同的特质，只是该特质的"量"有程度上的差异。此外，个人的核心特质是不易改变的，具有跨时间、跨场域的稳定性。最后，内隐的个人特质可借由测量行为指标而得知。因此，特质论学者发展诸多分类架构，用以说明个体的人格特质。例如，Eysenck 将人格向度分为"内—外向"（introversion extroversion）及"神经质"（neuroticism）（稳定不稳定）两个基本向度，共计四种人格类型。又如 Goldberg 以因素分析法，研究世界上许多不同种族文化者的人格特质，提出五大因素人格理论（勤勉谨慎性、开放性、外向性、神经质、友善性），他认为这五种人格特质是放诸四海皆准。

4.2.1.3　社会学习论

社会学习论源自于行为主义，行为主义强调"环境或情境决定因素"的重要性。不过，行为主义视个体的心理历程为"黑盒子"，无须加以探讨，忽略了个体的主观思考。据此，Bandura 提出社会学习论，强调行为是个人变项与环境变项间不断交互作用的结果，通过学习，周遭情境可塑造人们的行为。根据 Bandura 的说法，个人认知因素（例如信仰、期望与思想）、外在环境与行为表现，这三者彼此相互影响，他称为相互决定论

（reciprocal determinism）。此外，相较于行为主义，Bandura 认为，通过"观察学习"与"替代性学习"个体虽然没有亲身经历，但仍可学习到该反应。观察学习（observational learning）是指通过他人的行为而学习，被观察的对象称为楷模（model）。替代性学习（vicarious learning）则是当个体看到某人经历古典制约（classical conditioning）或操作制约（operant conditioning）而习得某种反应时，也会一样学得该反应。通过上述的介绍可知，不同的人格理论对于人格形成有截然不同的看法。当然，人格理论远不止于上述三种，我们仅简要地介绍相当具有代表性的观点。在下面的内容中，主要依据特质论的观点，介绍几种与消费者行为特别相关的人格特质，并据此延伸至品牌与消费者人格的探讨。

4.2.2　消费创新性与其他相关人格

4.2.2.1　消费创新者

创新性（innovation）与创造力（creativity）是一组很相近的概念。创造力是一种具有"扩散性思考"的能力，也就是对于没有明确答案的问题时所采取的思考方式。具有高创造力的人其思考流畅、变通性高、想法独特且精密，而创造力高者通常其智商也相对比较高。创新性则共享创造力的定义，但更强调将天马行空的想象转化为具体可行方案的能力。因此，创新型人才是每个企业都梦寐以求的员工类型。

将此概念应用于消费行为中，则较不强调其"创新能力"的层面，而是注重其"创新精神"。"消费创新者"（consumer innovators）便是指面对新产品会展现出好奇、开放、灵活、冒险的精神。他们通常是当产品、服务或任何事物刚推出时，第一个跑去尝试的人，而这类创新者的反应是新产品或服务能否成功的重要指标。在网络普及的现代社会，厂商更会化被动为主动，邀请创新型的消费者"试用"产品。倘若试用者本身便是知名博客，其试用心得往往会造成相当大的影响力。因此，能带来非凡广告效益的消费创新者绝对是厂商需要关注的对象。

4.2.2.2　教条主义

教条主义（dogmatism）是指一种盲目遵从某些观念或原则的态度。过度盲从的教条者缺乏求证的精神，只信奉理论而脱离实际，并拒绝接受实际经验的批判。教条主义可用来衡量消费行为僵化的程度，意即衡量消费者在面对陌生且和自身信念相反的信息时的反应。一个高度教条主义的人，在面对陌生的事物时，往往会采取较防卫的立场，并且会表现出极度不安和不确定感。从"人格特质"的观点来说，有些消费者可能是高度教条主义，有些消费者则不是。不过，从"行为主义"的观点来说，教条主义也是可以训练、培养的。举例来说，高度的品牌忠诚度便有可能导致消费者的高度教条主义。当某品牌已是该类产品中的标杆性品牌时（例如大同电饭锅、7-eleven），面对新的品牌，消费者便会倾向质疑其性能与品质，认为"还是原本的品牌可靠"，这就反映出消费僵化的现象。

4.2.2.3　社会性格

社会性格（social character）可区分为内在导向（inner-directedness）和他人导向（other-directedness）。内在导向的消费者倾向于依靠自身的内在价值观或标准来评估新产品，因此，较不容易受到广告或其他评价的影响，且容易成为消费创新者。相反的，他人导向的消费者，在购买商品或从事消费行为时重视别人的看法，因此，他们较不可能成为消费创新者，而较属于潮流跟随者。

因此，面对不同社会性格的消费者，厂商应有不同的营销策略。对内在导向的消费者来说，新产品必须满足其原先的预期，因为他们多半会根据自己的主观标准来评定客观的信息（如产品设计、结构、售价等）。但是新产品若能引起话题，甚至引领风潮，必能吸引消费者的注意，甚至导致消费行为的产生。如日本平价服饰零售业龙头 Uniqlo，于 2010 年 10 月开设第一间台湾分店，通过平面广告、网络活动等营销手法成功引起话题，开幕首日果然吸引满满的排队人潮。而在这长长人龙中，有人早就是该品牌的爱好者（内在导向者），但更多的人却是"听说很好穿"、"跟着大家排队"（外在导向者）。因此，只要了解消费者特性，不论是内外在导向，都是可以带来商机的"消费者"。

4.2.3　消费者物质主义与强迫购买行为

4.2.3.1　物质主义

物质主义（materialism）是人格特质的一种，物质主义倾向较高的人偏好以所有物作为身份象征和生活水平；相反的，物质主义倾向较低的人较不重视所有物。高度物质主义者有几项特征：①重视获得、炫耀所有物，为了"证明"自己的身份地位，最简单的方法便是"展示"自己所拥有的物品，像是服饰、配件、3C用品、交通工具等；②自我为中心，自私，高度物质主义者的焦点是自己，表现在消费行为上便是"我还缺了什么"、"我需要这个东西"、"我想得到它"等完全以自我为中心的思考；③希望能拥有很多东西，高度物质主义者偏好具体、有形的商品，并以此获得心理上的满足；④买了很多不必要的商品，高度物质主义者很能为自己的消费找借口，即便是相似功能的产品，他们也能告诉自己这两者不一样。

还记得"需求"与"欲求"的差异吗？行销人员常将欲求包装为需求，说服消费者购买的必要性，这是由行销人员所创造出来的"需求"。针对这类营销手法，高度物质主义者绝对会埋单，尤其是他们不用说服自己这项商品的必要性，因为厂商都已经想好了，他们也就欣然接受，掏钱把商品买回家！

4.2.3.2　定型化消费行为

定型化消费者不会将他们的所有物或购物兴趣视为秘密，反而会经常展示它们，且会与拥有相同兴趣的人分享。定型化消费行为（fixated consumption behavior）的消费者有下列特征：①对特定物品或产品有兴趣；②愿意不辞辛劳去获得有兴趣的物品或产品；③愿意耗费时间和金钱去收集。像是"铁道迷"，对台湾铁路历史如数家珍，车站、商品等细节也了如指掌，各路偏僻的支线更常可发现他们的足迹。又像是"漫画迷"，房间里贴满了大幅海报，搜集各式"公仔"，对于限量商品更是无招架之力。每年举办的"国际书展"、"动漫展"，读者众多，只为购买漫画相关商品，便可了解定型化消费者此种"非买不可"的购买力。

4.2.3.3　强迫性购买行为

高度强迫性购买行为（compulsive consumption）倾向的消费者通常对"消费过程"极为沉迷，甚至失去控制，但是一袋袋购物的"战利品"并无法让他们感到心满意足。就像是药物上瘾者，着迷于购物时的快感，而对此快感的需求促成下一次的消费。如此周而复始、恶性循环之下，无法理性地控制自己的行为。眼见家中物品堆积如山，债台高筑，高度强迫性消费者心中又被满满的罪恶感占据，如此"快乐与痛苦"不断交替着，侵蚀着强迫性消费者的生理、心理健康。

此类型消费者惊人的消费力，往往让第一线销售人员将其奉为上宾，并期待他们再度光临。然而，当自己或家人无法负担庞大的消费金额时，高度强迫性消费者便很有可能沦为"卡奴"，甚至影响到其他家人。此时，常常在购物时扮演"鼓吹者"的销售人员反而成为促使消费者举债度日的"帮凶"。同时，其强迫性消费者曾被医师诊断为"躁郁症"、"轻躁症"、"强迫症"，则其消费行为是由疾病所引起的，消费者依据此诊断而退回购买物品时也有所闻。因此，销售人员对于消费者特性需具有一定的敏锐度，并避免过度推销，才能减少此类型消费者可能带来的消费纠纷。

▶▶ 4.3　自我概念与品牌形象之关联

消费者本身的自我形象，其实与产品人格是有关联的。消费者倾向购买与自身形象相近的产品或服务，并常光顾那些形象或人格与消费者一致的零售商店。因此，消费者其实是借由品牌的选择来展现自我。

4.3.1　自我概念之定义与来源

自我概念（self concept）是个体对自己的知觉与评估，借由与他人互动、经验累积、自省，逐渐加深对自我的了解。因此，自我概念非与生俱来，我们可从：①别人的回馈得知有关自己的信息，例如父母、师长、朋友等"重要他人"的评论；②通过个体主动与他人社会比较而来，例如在学校与同学的成绩差异、在公司与同事的绩效表现差异、在群体中与人健谈的程度等；③通过自己的角度来看待自己，也就是自省或称自我觉察，也有助于自我概念的形成。例如检视自己在一活动中的表现，成功的经历可让个体有正面的自我感觉，失败的经历则可能会让个体对自我的评价较低落。

消费者是具有多重自我的个体，当个体面对不同人，或处于不同情境之下，其行为表现可能会是不同的。朝九晚五的上班族需穿着符合公司规定的衣服样式，但到了周末夜晚，服装与造型却可能摇身一变为冶艳风格！每个人都有许多不同的社会角色（例如妻子、女儿、员工、学生），也都会依据所处的场景来决定现在该扮演的角色，并选择适当的道具、服装和剧本。因此当营销人员在确定产品或服务的主要消费群时，必须针对特定的"自我"状况，且在不同情况下，需以不同的产品诉求不同的自我。例如常去健身房的人，多半重视自己的体态与曲线，在健身房设置减重器材的销售专区，比起在百货公司设柜，更能引起消费者的注意。

商心达人 ——消费者篇

"我"在别人心中的样子是……

社会学者 Cooley 认为，个体对自己的看法有相当大的程度是受到他人的影响，他并提出"镜中自我"（looking – glass self）的概念。与个体互动的他人犹如一面镜子，透过他人的反应可以知道自己是怎么样的人。只是，他人的反应有时是隐而不显的，个体会自行想象、猜测或判断他人心中对自己的观感。因此，根据"镜中自我"的理论，自我概念的形成有三个阶段：

（1）表现（presentation）：想象自己出现在别人面前的样子（不一定是别人真正看到的样子）。

（2）辨认（identification）：想象别人对自己有什么看法（不一定是别人真正的想法，是自己以为对方有这样的想法）。

（3）主观诠释（subjective interpretation）：个体对于"想象别人对自己的看法"之想法（事先想象别人的反应，并对此有所思考）。

换言之，个体需先"扮演他人的角色"，才能想象他人对自己可能的看法。随着扮演不同的他人，镜中自我的形象也会有所改变。因此，关注谁的观点将对个体的自我概念有重大影响。

举例来说，平时利用下课时间努力打工的美美，想用打工赚来的钱买一个要价5万元的名牌包。她先想象自己拎着名牌包出现在同学面前的画面，平常就爱七嘴八舌讨论名牌信息的好朋友们一定会称赞她的包包很好看，并且夸奖她很有眼光！想到这些美美就乐不可支，因为她就是自诩为一个时尚人，穿着打扮自然要有品位。不过，倘若美美将关注焦点转移至

"朴实勤俭的妈妈"，事情又会有很大的不同。如果妈妈发现她花大钱买名牌包，一定会认为她过度浪费、盲目崇尚名牌，想到这些美美开始思考自己若买了这个名牌包是不是太奢侈了？从上例可知，随着关注焦点的不同，个体会投射出不同的自我形象。

在许多广告文宣中都有镜中自我理论的应用。例如，男性生发产品广告中，发量稀疏的主角总是担心别人关注自己的头发，也心想自己在别人眼中一点都不帅气，觉得自己比同事衰老许多，终日为头发烦恼而郁郁寡欢，相同的手法也常出现于女性染发产品中。

4.3.2　自我形象的种类

一般而言，自我形象可分为"真实我"、"理想我"与"社会我"三种，皆是个体主观知觉的自我形象。其中，"理想我"与"社会我"的结合则为"理想性社会自我形象"。此外，上述自我形象皆是在"目前"的时间点下，若涉及未来时间向度，则为"期望自我形象"。以下分别简述：

（1）真实自我形象（actual self–image）：是指消费者实际上是如何看待自己。真实自我形象又称为主观我（subjective self），是个体对自我的整体性主观评价。

（2）理想自我形象（ideal self–image）：是指消费者希望自己成为什么样的人，像"我希望我是怎么样的人"、"理想上，我希望能成为怎样的人"，是个体自己设定的自我形象，未必与真实自我形象相符。

（3）社会自我形象（social self–image）：是指消费者想象他人是如何看待自己，例如"在别人眼中，我应该是个怎样的人"或是"我认为大家对我的看法应该是怎样"。

（4）理想性社会自我形象（ideal social self–image）：消费者希望他人如何看待自己。前述的社会自我形象是个体揣测他人对自己的评价，而理想性社会自我形象则是个体蓄意地展现某部分的自我，形成自己在别人心中的形象，例如"我希望在别人眼中我是个怎样的人"。

（5）期望自我形象（expected self–image）：消费者希望未来如何看待自己。就像是设定目标一般，消费者会对未来生活有所展望，而对未来生活的期待也会影响其自我形象。例如希望将来工作更顺利，期望自我形象便是"我希望将来自己是个成功的人"。或是希望未来更响应环保,则期望自我形象便可能会是"将来,我期望自己是个更珍惜资源的人"。

4.3.3 自我形象与品牌关联

延伸自我

前文曾提及自我概念可能来自他人的评价、社会比较与自我觉察,从消费行为的角度来说,个体可能通过消费行为而更了解自己是怎么样的人;也可能为了呈现特定的自我形象,来影响他人对自己的评价;以及借由消费不同等级的商品,来凸显自己与其他人的差异。因此,我们所购买的商品/服务都有助于回答"我是谁"的问题。

消费者不是盲目、随性地购买商品,消费行为透露出其自我形象与消费物品之间的关联。"延伸自我"(extended self)是指消费者自我形象和所有物之间的关系,消费者的所有物能够"认可"或"延伸"自我形象。借由品牌人格、定价、限量或新奇等因素,许多商品都具有符号性意义。例如,Burberry 的格纹具有时尚、经典的意涵;Ferrari 跑车是有钱的象征;折叠式自行车代表着乐活(Lohas)生活态度。当消费者认为产品中具有消费者本身的人格特质或个性时,便会产生购买行为,将产品变成自己的"所有物",也成为自我延伸的一部分。

因此,消费行为其实隐含着自我形象与产品/品牌形象的比较历程。消费者在购买产品时,会先思考这个产品特性与自己的关联性,而该判断过程即为"自我一致性"(self congruity)。自我一致性,是指个人自我概念与市场商品之象征价值间的联结。简单来说,就是消费者购买该商品的意愿端视于"该商品或品牌所具有的价值(品牌人格)是否与自己的形象(自我)一致"。当消费者认为自我形象与产品/品牌形象相符时较容易有后续的购买行为。例如定位于跑车级房车的 Mazda 3 车款强调流线造型、绵密顺畅的动力传输,若消费者自我形象中有一部分为"我像赛车手一样喜欢速度感",那么对此品牌形象便会产生正向评价。当品牌/产品形象与消费者的真实或理想自我相符时,消费者购买的动机便很强烈。

换言之,自我与产品/品牌形象间的一致性与否将会影响消费者的购买意愿。其中,正向的自我一致性者购买动机最强,负向的自我不一致性者购买动机最弱。因为消费者会倾向购买与自己形象相似的商品来维持既有的好的自我形象（正向的自我一致性）或借由商品来提升自我的正面形象（正向的自我不一致性）。同理，消费者会避免购买有损自我良好形象（负向的自我不一致性）或暴露自我缺点（负向自我的一致性）的商品。不同自我与产品/品牌形象间的一致性与购买动机的关联，如表4-1所示。

表4-1　自我形象与品牌形象与消费者购买动机之关联

品牌形象	自我形象	自我与品牌形象的一致性	购买动机
正面	正面	正向的自我一致性	最强
正面	负面	正向的自我不一致性	强
负面	负面	负向的自我一致性	弱
负面	正面	负向的自我不一致性	最弱

4.3.4　身体意象

外表是个体自我概念中很重要的一部分。身体意象（body image）是消费者心中对自己身体所形成的形象，由感觉神经系统、心理层面及社会层面三者互动所形成，是一种调适、动态的过程。身体意象其实是个人对身体的一种主观看法，其形成是个人通过自己、他人与社会的眼光所反映的信息，加以综合的一个形象，并据此做出个人的评价。

在日常生活中，我们所接触到的媒体信息里充斥着大量的瘦身美体信息，这些信息不断灌输大众"净白肌肤"、"瘦才是美"、"瘦的健康"和"肥胖是懒人的象征"等观念。通过这些不断重复播放的信息，媒体渐渐塑造出消费者对美的标准，并强调每个人必须为自己的外表形象负起最大的责任，天生的样貌也是可以通过后天的改造而更完美。现今社会上也弥漫着一股整形风，不但整形美女盛行，且整形也不再只是女性的专利，就连男性也都加入了整形的行列。此外，报纸杂志中也常会提供有关整形的信息，无形之中便鼓吹了整形的风气。然而，这样的社会风气也导致了许多年轻消费族群（例如学生）愿意付出相当大的代价，只求符合大众对美的标准。有些学生甚至愿意贷款进行整形手术，或为了瘦身减肥而不惜损害自己的身体健康，这样的案例比比皆是。在这样的社会风气之下，消费者若无健康的心态来看待自己的身体意象，轻则可能会因无法达到这些完美标准而产生挫折感，重则可能会因此罹患饮食疾患或忧郁症，甚至最后导致自杀。

4.3.5 改变自我

有时候消费者希望能够改变自己，而衣服、化妆品及其他饰品等都能够提供消费者一个改变自我的机会。改变的动机有很多，其中之一便是前述几种自我形象之间的差距。消费者认为真实自我形象为"过胖"，理想自我形象为"纤细体态"，便很有可能购买减肥产品或健身课程。或者是消费者期望自己将来能保持流畅的外语能力，那么他/她便可能会持续购买语言课程或出国游学的行程。

不过，有更多时候，这些自我形象之间的差异是通过营销创造出来的。借由各式各样的广告，消费者不断被告知"我应该再瘦一点"、"我应该要更健康"、"我应该要跟得上潮流脚步"等信息，来强化消费者的购买意图。

本章由品牌/产品人格特质介绍起，进而谈到消费者也有自己的人格特质，以及消费者自我概念对于消费行为的影响。希望读完本章，读者在下次消费前能先想想：自己为什么要购买这样商品？它与自我概念有什么关联？它的产品特性是什么？相信会让你对自己以及自己之所以会被某些商品吸引有更深入的了解！

课堂活动

我的自我分析

一、目的

（1）寻找每个人独特的自我形象与自我概念。

（2）思考自己的"理想自我"与"现实自我"的落差。

二、说明

（1）人数：不限，每人自行完成。

（2）时间：约 30 分钟。

（3）材料：每人一份"我的自我特征"表格，8 张空白卡片，一支笔。

三、程序

（1）在 8 张空白卡片的左上角依序编上①～⑧的数字。

（2）在卡片上：

①写上母亲。

②写上父亲。

③写上一个您不喜欢的人的名字。

④写上一个您认为成功的人的名字。

⑤写上一个朋友的名字。

⑥写上一个你家庭其他成员中任何一位的名字。

⑦写上现实自我。

⑧写上理想自我。

（3）将卡片⑦放在面前，其余的卡片洗一下，随意抽出两张，与⑦放在一起。

（4）考虑一下你面前卡片上的三个人，找出一些其中两人相似，但与第三者相异的重要方面，例如比较我父亲、现实自我和我的朋友，发现前两者都有"同情心"，而我的朋友则没有"同情心"。将这个特征"同情心"记录在"我的自我特征表"上。

（5）将卡片⑦留在桌上，把另外两张卡片放回原处，再洗一下，随机再抽出两张。

（6）重复步骤（4）。

（7）继续做下去，直到你找到 6 个特征为止。

（8）针对特征 1，考虑从①～⑧的每个人，如果他们像特征 1 的第一端（如有"同情心"的），则在他们名字后的对应格中填上 1；如果他们像特征 1 的另一端（例如没有"同情心"的）则填上 0。

（9）对特征②～⑥重复步骤（8）的做法。

（10）活动结束后，老师带领讨论。可引导学生思考下列问题，并分享活动的感受。

四、附件

我的自我特征表

人物	特征					
	1. 例如：同情心	2.	3.	4.	5.	6.
1						
2						
3						
4						
5						
6						

五、思考的问题

（1）思考一下你找到的这些特征，别人会列出一张完全不同的单子。你过去是否意识到这些是你看自己与看别人的重要依据呢？即这些是你最重要的自我形象与自我概念。

（2）比较一下你所列的人物，观察所有的水平行，有没有 1 和 0 的排列相同或相似的人物呢？对这些人物的相似性你感到惊讶吗？

（3）谁与现实自我最像？你猜到了吗？

（4）现实自我与理想自我有多少相似性呢？在哪些特征上，你的理想自我和现实自我间有差距呢？

（5）你的自我形象与自我概念，特别是理想自我和现实自我间的差距影响你平时的消费行为吗？

习　题

1. 消费创新者与教条主义者有很大的不同，请说明两者在消费行为上的差异。

2. 何谓定型化消费行为？请简述其内涵并举例说明。

3. 请举一个日常生活中的实例来说明"品牌拟人化"。

4. 自我概念有三种不同的来源，试说明。

5. 请说明延伸自我与消费行为之间的关联。

5 消费者的感觉、知觉与商业行为

5.1 知觉的概念与成分

5.2 知觉的动态性

5.3 消费者知觉与营销

商心开讲

近年来，随着中国大陆市场的开放与成长，价格低廉的商品已悄悄地取代价格相对较高的中国台湾地区或其他国外商品。但有趣的是，中国台湾制或台制商品不但没有被价格低廉的中国内地制商品取代，MIT 商品（Made in Taiwan）反而引领了另一种消费风潮。从生产与销售者的角度来看，在大量制造、人力成本低廉的影响下，内地产品的确在"价格"上拥有竞争优势，但究竟出了什么问题，为什么价格低廉的中国大陆商品无法如预期般地攻克中国台湾市场，反而强化了消费者对"MIT"商品的信任，让 MIT 商品成为中国台湾消费者的首要选择，进而促成许多中国台湾品牌的成功，例如主打平价的服装品牌"lativ"即是一例。显然的"价格"并非是影响消费者购买意愿的唯一因素。由此可知，除了"价格"之外，"质量"也是影响消费者行为的重要因素。"美国牛还是澳洲牛"的问题也同样反映了消费者对于商品质量的担忧。因为，"美国"与"澳洲"对消费者而言，不再只是地区的不同，更是作为进口牛肉质量优劣之分的判

准。从结果面向来看，我们只知道消费者的选择偏好，但消费者他们对于
"美国牛或澳洲牛"的不同反应是如何产生的呢？本章将从消费者的行为
反应去分析消费者在进行消费时，其个人的知觉是如何运作，以至于最后
有不同的行为与情绪反应？进而了解营销者如何通过各式广告或知觉刺激
的方式，影响消费者的购买行为。

▶▶ 5.1 知觉的概念与成分

知觉是影响个人行为的重要因素之一。从消费与商业行为学来看，知
觉会影响个人后续的消费意愿与行为。因此，在了解复杂的消费态度与行
为时，消费者对于商品信息的知觉与感觉历程是不可被忽略的。下面我们
将进一步介绍。

5.1.1 知觉的定义

知觉（perception）指个体以生理为基础的感觉器官，对外在刺激进行
选择、组织及诠释，使之成为有意义的信息，进而用来解释或反映周围环
境事物的过程。

5.1.2 知觉的成分

感觉（sensation）指的是感觉器官对简单刺激所做的立即与直接的反
应。"感觉"一词是多种感觉的总名称，它包含了五种与感觉器官相对应
的感觉。通过感觉的输入或外部刺激，可以帮助个人进行信息的分类与界
定。例如，信用卡或健身房会员分级制度，会让消费者觉得自己与他人不
同，如专属会员的"独享尊荣"。此外，营销者则也可借由激起消费者感
觉或过去的生活经验，而提高产品的购买活动，例如"整个城市都是我的
咖啡馆"不仅为 7 - Eleven 咖啡商品形塑了一种无所不在的温暖之外，
"Always open"更强化了便利商店 24 时全天候营业的特色，提升消费者对

便利与快速服务的依赖与需求。此外，老街重游、老歌精选辑等都是贩卖感觉与故事的营销手法之一。下面将从视觉、听觉、嗅觉、味觉及触觉等，依序介绍各种不管人体感官知觉对于个人消费行为的影响。

5.1.2.1　视觉

颜色在营销上应用得相当广泛，广告、产品是否具有吸引力与色彩、亮度等有关。

（1）颜色的象征意义。不论在哪一个文化价值观下，颜色通常代表不同的象征意义，因此，若是产品能够搭配适当的颜色，便能够吸引消费者的注意。例如在中国台湾，红色代表吉祥；在日本，代表吉祥的则是白色。

（2）颜色与流行。色彩也能够呈现流行的趋势，有些色彩在某特定时间内，特别受到重视和喜欢，这些流行的色彩也能反映在服饰、鞋子等产品上。例如小贾斯汀红遍大街小巷时，其爱用的紫色商品也就跟着大受欢迎。

5.1.2.2　听觉

（1）音乐与心情：不同的声音会导致不同的心情，配合适当的音乐，也会影响消费者的购买意愿。例如购物频道为了提升观众的购买意愿，便会加入"嗒、嗒、嗒"的计时声，以营造一种"再不下手，就将错过"的购买氛围。饮料店或快餐店喜欢播放较嘈杂或喧闹的音乐，以加速客人的更换率。

（2）说话的速率与语调。有时候为了在有限时间内，传达给消费者完整的信息，势必要增加说话的速度。无论如何，说话的速率、语调要适当，才能吸引消费者的注意，而不致引起反感与不悦。例如在嘈杂或人潮众多的车站中，沉稳、没有起伏的广播声反而引人注意。而在强调安静的音乐会与美术馆中，大声且快速的广播声或喧哗声，可能会破坏观众的雅兴，且让观众觉得自己有不被尊重的感觉。

5.1.2.3　嗅觉

人们对气味的感觉是相当深刻的，气味所产生的知觉也有极大的个别差异。例如著名的连锁茶饮店——古典玫瑰园，便是以玫瑰香精作为其餐厅环境的特色。又或是台湾闻名的小吃"臭豆腐"，走在夜市中，远远的便可凭着味道，找到摊贩所在的位置。此外，香水则是打着"塑造个人味

79

道"的口号，以贩卖各式独特香味为主的商品。

5.1.2.4 味觉

消费者会吃东西来满足自己的基本生理需求，因此，口味及口感好的食物更能引起消费者的注意。比如，异国料理为了打入台湾市场，必须按台湾消费者的饮食习惯而改良味道与烹饪习惯，进而造就了台式泰国料理、台式韩国料理等。此外，除了滋味可口外，现在消费者也开始注意健康诉求的食物。例如过去消费者较无法接受口感较硬的五谷饭或是味道较为平淡的食物，但随着健康的诉求，无糖、少盐、少油，讲求清淡的有机饮食与素食饮食，现正蔚为风行。

5.1.2.5 触觉

根据研究显示，服务人员与消费者有轻微身体接触，会让消费者感到更有亲切感，引发购买的意愿。另外，消费者也常借由接触产品，了解产品质量的好坏。例如借由协助消费者试穿衣服，或是试用保养品、化妆品的过程，可以让消费者对于销售人员的服务品质有更深的体悟与感受，且也因为实际接触过产品与体验过产品的效果，因而更容易影响消费者的最终消费行为。

5.1.3 绝对阈

绝对阈（absolute threshold）是指任何一种感官刺激，能有效引起感觉反应的最低刺激强度，也就是个体能察觉与没有察觉的差异点。每个人对物理刺激的绝对阈不同，有些刺激有人可以察觉，另一些人则察觉不到。因此营销人员必须在产品推出之前进行测试，避免感觉阈值太过或不及的问题。例如洗发乳广告"多芬"与"海飞丝"，就是凸显其头发顺畅与头皮去屑效果，而请一般民众现身说法，分享其连续使用一周后的效果，以便于取得消费者对于该商品的信任，而增加消费。

5.1.4 差异阈

差异阈（differential threshold）是指个体可察觉出两个似刺激间具有差异的最低要求值。韦伯定律（Weber's law）指出差异的大小与原始刺激之间成一种定比的关系，意即一开始的刺激越强，紧接的刺激要增加更多，才能让个体察觉到彼此的差异。韦伯定律对营销人员有很大的启发，尤其是不想要消费者察觉到产品的负面改变（如容量变小、价格提高），或是期望消费者知道产品性能已改良时，控制刺激的增减就很关键了。例如在"共体时艰"的标语下，许多商家表面上虽然标榜"不涨价"，但实际上会借由"缩小分量"的方式，降低成本压力与顾客的负面反应。

商心达人——消费者篇

是真便宜？还是假便宜

"'戴尔（Dell）20'全新LCD三年保固只要999（元新台币）含税。"

2009年某日晚上九点，网络上忽然出现这么一则让人疯狂转载的信息。对于，这样"特别便宜"的特价信息，或许许多消费者会抱持着怀疑的态度而观望，当然也有许多消费者认为这是千载难逢的机会，疯狂地下单。不到10个小时，戴尔公司就接到43000多笔订单，订购约14万台液晶屏幕的订单。

平常一台要价2万多元新台币的笔记本电脑，现在只要1000元新台币不到。这究竟是厂商的销售手法还是别有隐情？从消费者的立场来看，"价格特低"的确成功引起了消费者的兴趣与讨论，但随着网络诈骗事件的增加，作为一个消费者该如何在"激情"之上，"理性"地确认该销售信息的真假呢？就以戴尔计算机为例，在下单消费之前，消费者可以先留意并确认下面几件事情：

（1）网络上流传的购买网址，是不是真的戴尔网站？或者是利用假消息骗取消费者个人和信用卡资料的网站？

（2）购买过程中，填写个人资料的网址是否以经过加密的"https"开头？（在任何网站上购物或是填写敏感个人资料，都应该先检查以上这两点）

（3）将下订单前厂商要求阅读的同意条款先读过一遍；大多数厂商在里头都放了预防性的免责条款。

（4）仅少部分商品享有超低价或特价活动，还是所有商品都进行特价？

虽然，最后发现这不是厂商为了吸引消费者注意的优惠活动，而是公司"标错价"的乌龙事件。先不管戴尔公司如何处理这个错误，但我们必须再三地提醒所有消费者，特价活动的价格或赠品固然吸引人，但在下手购买前请务必再三确认该消费信息的来源与正确性，以免成为下一个冤大头消费者。

5.2 知觉的动态性

5.2.1 知觉相对性

5.2.1.1 形象与背景

形象（figure）是指视觉所见的物体，背景（ground）是指衬托形象的刺激物。形象与背景在视知觉中颇为常见。比如，摄影时人物站在房屋、树木、汽车等前面，此时人物为形象，其余物体为背景。在听知觉方面，演唱歌曲相当于形象，伴奏则为背景。在味道知觉方面，吃的食物相当于形象，各种佐料、饮料则属于背景。当形象与背景的关系越分明时，越容易使人对形象产生深刻的知觉经验，广告设计常利用这个原理。反之，假如形象与背景之间的界限不清楚时，就不容易确定何者为形象、何者为背景。比如汽车广告的配乐太动听，虽引起话题，却让人忘了是哪家的汽车。

5.2.1.2 知觉对比

所谓知觉对比是指两种刺激同时出现时，由于这两种刺激相互影响，因此在知觉上产生明显的差异现象。例如，将黄色与黑色纸并排展列，在知觉上会觉得黄者越黄，黑者越黑；万绿丛中一点红，会使人觉得绿者越绿，红者越红；巨人与普通人站在一起时，会使人觉得巨人变得更高，普通人变得更矮。在形象与背景相对的情境下，容易产生视知觉对比现象。例如，广告采由下而上的大仰角的拍摄角度，再去除背景参照物，就能制造出模特儿修长双腿的"错觉"了。相反的，如果摄影师是采取由上而下的拍摄角度，就容易拍出"美丽大眼、娃娃脸"的网络美女照。

5.2.2 知觉选择性

消费者有时会下意识地选择环境中的刺激，以作为知觉的标的物。个体所接收或知觉到的仅是环境刺激中的一小部分，我们常会注意某些东西而忽略其他部分，例如在大卖场里，面对各式各样的产品（刺激物），我们仍可以从容地选择我们所要的东西。

5.2.2.1 知觉主观的建构性

对各种事物的知觉，不等于接受各部分刺激的总和，而是对这些刺激加以主观的建构（subjective contour）。也就是完形心理学家所强调的知觉经验超越各种刺激单独引起之知觉的总合。易言之，知觉刺激虽然是零散的，但是知觉经验都是整体性的。图5-1中的两个图形，可以用来说明这个现象。这两张图形没有一张是完整的，可是观察者会主观地将它们建构为完整的轮廓。由左图可看到中间有一个白色的圆形；由右图可以看到两个三角形重叠。而这种主观建构的轮廓，常被艺术家应用在美工设计、广告及绘画上。比如许多广告，喜欢采取开放式结局，让消费者自行建构喜欢的结果，不仅制造话题，更可以使多数消费者喜欢的结局投其所好。

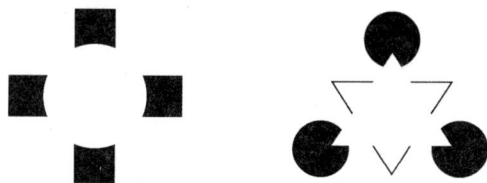

图5-1 知觉建构的轮廓

5.2.2.2 知觉的恒常性

知觉的恒常性，是指个人对于物品的既有知觉不容易被改变。常见的知觉恒常性，如大小、形状、亮度、颜色等。例如，同时看到天空的民航客机与身边的轿车时，轿车在视网膜构成的影像，远大于天空的飞机，但在知觉上仍然觉得飞机比轿车大得多。这种对物体大小的知觉经验，不受观察物体远近影响的现象，称为大小恒常性（size constancy）。一张白纸与一张黑纸，在阳光下并排陈列时，看起来白纸呈现白色，黑纸呈现黑色。

这是由于白色与黑色的明亮度不同，对视网膜构成不同刺激强度的结果。如果将这两张纸同时摆在阴影之下，此时白纸与黑纸的亮度，比在阳光下亮度都减少，但是观察者此时对这两张纸的知觉，仍然保持不变。换言之，仍然觉得白纸就是白纸，黑纸就是黑纸，不会因为阴影而将白纸认为是灰色纸。正因为消费者有知觉恒常性，所以，在台湾的意大利面必须要比正规的意大利面软且多汁，因为台湾人已对面条有基本的知觉，若变成过硬且干的面条，则不容易被接受。

5.2.2.3 知觉的选择性

知觉选择性的种类，有以下几类：

（1）选择性接触（selective exposure）。有时消费者会选择性地接触某些刺激，以支持自己购买决策的正确性。当消费者每天都一定喝一杯咖啡时，他（她）会选择相信喝咖啡有益身体健康的报道，作为支持自己行动的依据。

（2）选择性注意（selective attention）。消费者只会关心与自己需求或兴趣相关的刺激，对其他的刺激则毫不在意。当一个人想购买房子的时候，他（她）就会开始留意与房屋相关的各式报道与广告，以便于日后自己要做选择的时候可以参考。

（3）知觉防卫（perceptual defense）。消费者会下意识地排除使心理受到威胁的刺激。例如有惧高症的人，为了避免心理的害怕，会拒绝参与高空弹跳或云霄飞车等与高度相关的游戏。

（4）知觉阻隔（perceptual blocking）。为保护自己以避免受到大量刺激的冲击，消费者有时会将刺激阻隔起来。例如消费者为避免知道自己是否比其他人花了相对高的价钱，购买相同东西时，他（她）便会拒绝接收与该商品价格相关的信息。

我们知道知觉选择性分为以上四类，但究竟是什么原因会导致知觉选择性呢，常见的原因有三：

（1）刺激的本质，指会影响消费者知觉的所有刺激变量。例如，产品本身、包装设计、广告等。如"无效退费"、"把蔡依林带回家"、"仅此一次，限时抢购"等广告词，就会提升消费者的购物意愿。

（2）个人期望，人们倾向于根据自己的期望知觉产品属性，有时会依据熟悉性或过往经验，只看到符合个人期望的某些事物。例如，惯用 IKEA 家具之后，假如家中有缺少任何家具时，便会倾向以 IKEA 的家具形态或质量作为衡量的基准。

（3）个人动机，人们倾向于知觉他们所需求或渴望的东西，当需求越高、越强烈时，更容易忽略情境当中的无关刺激。例如一个连续 3 天都没有吃东西的人，对于食物的知觉会远高于其他信息的刺激。

5.2.2.4 知觉诠释的偏差

刺激的诠释也是相当个人化的，因为它是以个人的期望为基础，而影响期望的因素则包括以往的经验、个体可提出的合理解释，以及知觉当时的动机和兴趣。另外，因为刺激通常具有高度的模糊性，所以刺激的清晰程度也会影响个人的诠释。但也常因为刺激物给予个体的信息过少，造成个体在进行信息的知觉诠释时，容易因为某些因素而造成知觉诠释的偏差或扭曲。综合而言，促成知觉诠释偏差的常见因素如下：

（1）身体外观（physical appearances）。人们有时会因个人的身体外形来归因其特质。尤其是当平面或电视广告出现与我们身体外形相似的模特儿时，更能吸引我们的注意。当然，一般认为有吸引力的人，更容易成功地说服阅听人。例如时装展常请来美丽、高俊的模特儿走秀，为消费者示范该如何搭配与穿搭该衣服，以吸引消费者的认同与模仿。

（2）刻板印象（stereotypes）。个体倾向于将各类刺激赋予既定的意义，这些刻板印象代表对特定情境或事件的期望，更是决定如何知觉这些刺激的重要因素。例如新加坡的公民会比较守法，日本的服务比较周到。

（3）无关线索（irrelevant cue）。当消费者被要求进行困难的知觉判断时，会倾向于依据无关刺激做出反应。例如考虑是否到新餐厅用餐时，用餐人潮或是使用者评价都会成为消费者决定是否消费的依据。

（4）第一印象（first impression）。第一次见面时，我们往往会依据个人先入为主的观念或经验，形成对他人（或他物）的印象。由于第一印象通常相当持久，通常一个产品势必不能仓促推出，避免留给消费者坏印象。也因此，很多餐厅喜欢在开中期间有折扣，让消费者产生物超所值的第一印象。

（5）直下断言（jumping to conclusions）。人们通常会在尚未检验所有相关证据之前，就妄下结论。因此有时广告会直接切入主题的方式与消费者沟通。例如屈臣氏"买贵就退费"的宣言，会让人容易相信屈臣氏的商品会较其他商品较为便宜。

（6）月晕效果（halo effect）。指评估具有多重构面的个体或事物时，却倾向只依据一个或少数构面就做推论。尤其是当发现某人拥有某些正向特质时，便会假定他也有其他的正向特质，如果有些负向特质，则也会倾向认为他有其他的负向特质。例如，人性化功能与讲求美学的外观设计，是大家对于苹果计算机的赞美，连带的大家对于苹果计算机公司推出的相关商品也都赞誉有加，如 iPhone、iPad。

5.2.3 影响知觉的因素

此处主要探讨影响个人知觉的因素有哪些，下面将个别介绍影响个人知觉的重要因素。

5.2.3.1 学习与经验

在日常生活环境中，许多知觉刺激都具有特殊的涵义。举凡各种语言、文字、符号等，都需要靠学习与经验，才能产生知觉。例如，不了解台湾文化的人，不知道"蓝白拖"所代表的意义；当然不常使用计算机商品或不了解的人，自然也无法比较计算机周边商品的品牌差异。

5.2.3.2 期望

期望（expectation）是指个人在内心中，有预定达成目标的意念。个人的期望有时会影响知觉。例如，在线英文学习课程，是满足每一个消费者想"自由"且"自在"的方式学英文，买百堂送百堂课程等相关优惠更让消费者大呼"赚到了"。但经过仔细价格换算后，发现"一对一在线课程"的费用竟是一般家教课程费用的两倍。由此可知，个人特殊的期望，容易使注意焦点集中在特定事物上，因而在知觉上造成百密一疏的后果，感觉上好像保有时间弹性且又省钱，但实质上却成了多花钱的傻客。

5.2.3.3 动机

动机（motivation）是行为的原动力，它会影响知觉。不同动机的人，对同一个刺激情境所得到的知觉经验，不尽相同。例如，为了花东居民交通与都市发展的便利，是否该破坏自然环境打造苏花高速公路？政治家、历史学家、艺术家、经济学家、市民等，对这个问题都见仁见智。正因动机各有不同，产生知觉也不同。例如环保人士，为了保持花东特有的自然环境而拒绝苏花高速公路的建造；经济学家与政治学家为了提升花东观光产业发展而支持苏花高速公路的建造。

5.2.3.4 需求

需求（need）可以分为生理需求和心理需求两类。例如，一个肚子饥饿的人，对餐厅、小吃店、各种食物比较容易产生知觉，这是生理需求使然。又如，喜欢搜集公仔、玩偶、可乐罐或其他各式物品的收藏家，不是因为口渴想要喝饮料，而是受心理需求的影响而想搜集。

5.2.3.5 价值观

每一个人都有其独特的价值信念系统。史普兰格（Spranger，1928）曾将人的价值观分为六种类型，包括政治、宗教、科学、经济、艺术与社会服务。不同价值观的人，其知觉也有所不同。例如，某大学发起爱校募捐基金活动，偏重政治观的校友，为了竞选校友会长，也许会多捐一些钱；偏向宗教观者，可能认为不如把钱捐给寺庙，求神保平安；偏向科学观者，也许认为大家多捐一些钱，可以帮助学校添购科学仪器设备；偏向经济观者，可能认为捐钱对自己是一种损失；偏向艺术观者，可能认为学校向校友募捐不是一件美事；偏重社会服务观者，可能认为捐款给母校，也是服务社会人群的一件善事。由此可知，不同价值观的人，对同一件事的知觉各有不同，对其行为也产生不同程度的影响。

5.2.3.6 文化背景

生长在不同文化地区的人，由于生活经验与教育文化的不同，所以造成知觉的差异。印度人习惯用手吃饭，但对台湾人而言用手吃饭是不卫生且不礼貌的。此外，吃面发出声音，对日本而言是代表"好吃"的意思；但对台湾人而言却是"没礼貌"的意思。

小结以上，我们可以理解，影响消费者知觉的因素是多元的，不论是个人过去的学习经验、动机或是个人所在的文化差异，都会影响消费者个人对于信息的知觉与判断。而这往往也最容易成为经营者打动消费者的管道。所以，我们将从营销的观点来看，经营者或销售者如何借由影响消费者知觉的方式，增加消费者的购买意愿与行为。

5.3　消费者知觉与营销

5.3.1　心理性价格

一般商品的定价方法可分为"成本导向定价法"、"竞争导向定价法"及"购买者导向定价法"三种。其中，购买者导向定价法就是销售者利用消费者对于价格的心理知觉所产生定价策略，又称"心理性价格"（psychological pricing）。心理性价格可以分为五种。

5.3.1.1　尾数定价策略

尾数定价，即是指厂商在进行产品定价时，采用定非整数或零头价格数作为结尾的，又称零头定价或缺额定价。这种策略通常适用于基本生活用品。虽然价格仅比原先价格减少了一点，但会给人一种低一位数的感觉，满足消费者对于"低价"的心理需求。再者，消费者会认为这种价格经过精确计算，购买不会吃亏，从而产生信任感。例如，某样商品的价格为100元新台币时，可以用99元新台币作为该商品的定价。因为，在消费者心目中99元新台币的商品，比100元新台币便宜，且容易让购买者形成"百元有找"、买到便宜商品的感觉。这也是为什么我们常常可以在许多量贩店内或百货公司在进行促销活动或定价时，看到199元新台币、599元新台币、990元新台币等尾数非整数的价格。

5.3.1.2　整数定价策略

整数定价与尾数定价正好相反，企业有意将产品价格定为整数，以显示产品具有一定质量。便宜的价格不一定能促进消费者购买，相反可能会使人们产生对商品质量、性能的怀疑。适中的价格，可以使消费者对商品质量、性能有"安心感"。整数定价多用于价格较贵的耐用品、礼品，甚或是消费者不太熟悉的商品。因为，在消费者对商品质量、性能知之甚少的情况，及"一分钱，一分货"的心理作用下，价格有时候会成为消费者用来衡量商品价值与质量的直接标准。相对于价格低廉的商品，顾客对价格

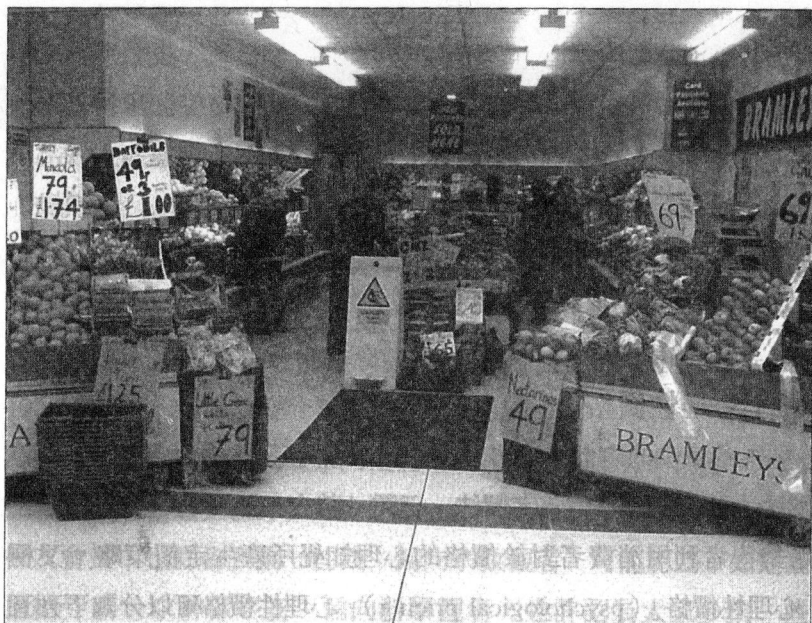

尾数定价策略满足消费者的低价心理需求（图片来源：维基共享资源）

较高的商品，会较重视该商品的质量。这也莫怪乎，为什么高单价的商品总喜欢在广告上强调其"高质量"的特性，以争取消费者的认同。比如，耐克（Nike）运动鞋的定价，多是采用整数定价，除了提高获利之外，也希望借由较高定价凸显自家商品质量高于其他运动品牌的优势。

5.3.1.3 声望定价策略

声望定价，则是利用"便宜无好货、质好价必高"的消费者心理，采取高商品定价的策略。换言之，能采取高定价策略的商品，相对地在社会上或消费者心中保有良好的声望与信誉，让消费者甘愿为该品牌付出较多的金钱。适用声望定价策略的商品，以高级名牌产品和稀有产品为代表。例如豪华轿车、高档手表、名牌时装、名人字画、珠宝古董等，都在消费者心目中享有极高的声望价值。因为，购买这些具有知名品牌商品的人，产品价格往往不是他们所在意的，他们关心的只是：这个品牌是不是能代表或彰显"我"的社会地位。因此，该品牌的价格越高，越能满足消费者想要凸显自己与一般人不同的心理需求。

5.3.1.4 习惯定价策略

这种定价方法是按照消费者的习惯心理来制定价格的。长期累积下来的购买经验中，某些经常购买的商品，在消费者心中已经形成习惯性的价格标准，价格有所改变时则易影响消费者的消费意愿，进而影响其购买行为。换言之，不要轻易变更民众长期购买商品的价格，才是明智有益的选择。例如，台湾消费者已经习惯于猪肉价格为120元新台币/斤、家庭号牛奶为130元新台币/瓶等。企业对这类商品定价时，要充分考虑消费者的这种习惯性倾向，不可随意变动价格。否则，一旦破坏消费者长期形成的消费习惯，就容易促使消费者产生不满的情绪，进而产生改变购买行为。例如改以酸奶、奶粉、燕麦等其他蛋白质食物替代鲜奶。

5.3.1.5 招徕定价策略

这是适应消费者"捡便宜"的心理，将产品价格定得低于一般市价，个别的甚至低于成本，以吸引顾客、扩大销售的一种定价策略。采用这种策略，虽然会降低其中几项产品的获利，甚至亏本，但从总体经济效益来看，低价产品可能带动其他产品的销售，进而提升整体销售绩效。例如，计算机屏幕特价活动，不仅会提高消费者购买计算机屏幕的行为，也可能在消费者的购买过程中增加他们购买其他计算机商品的机会与行动。

5.3.2 体验营销与消费者知觉

从营销的观点来检视，体验营销被定义为：消费者通过对事件的观察或参与，感受到某些刺激所诱发的思维认同或购买行为。简单地说，相较过去传统营销多是将焦点摆在"产品"上。体验营销最不同的地方是："商品"与"服务"对消费者来说都是外显且具体的，但"体验"却是内隐且抽象的。再者，体验是个人化的，即便参加相同的体验与销售活动，但消费者因为个人经验（有无用过相似产品、朋友推荐）或特征（年龄、性别）的差异而会有不同的感受。例如，曾经使用过相似产品的消费者可能会重视新旧产品成分与使用效果差异的比较。年轻女性在选购商品时容易受个人对商品的主观知觉的影响；反之，年长已婚女性在挑选商品则容易考量家庭成员对该商品的接受度。营销专家认为，或许人们真正想要的并非产品本身，而是一个令人满意的体验结果。体验营销的核心是为顾客创造不同的体验形式，通过对消费者思考、感官知觉与情感的影响，提升商品的体验价值，"诚品书店"就是体验营销模式的成功案例。

对于"诚品书店"，我们的第一反应通常是"高级、有格调的卖书地方"，但随着商业经营模式的快速变化，现在的诚品书店不再仅止于卖书而已，它们还卖饮食、故事、音乐等商品。但不论是书、故事、食物或者是音乐等商品的推销都可被归在"文化创意"的范畴。因为，不论是书、音乐、衣服、食物等许多日常生活用品，如果经过适当的设计与包装，就能带给消费者知性的感动，让消费者不仅能看出门道，也能吃出味道，而这种能同时满足消费者视觉、听觉、嗅觉、触觉、味觉五种感官知觉消费活动，正是奠基于诚品书店对于消费者需求的了解。换言之，体验营销并不是忽略消费者对于产品质量与机能的理性需求，而是站在理性需求的基础上，强调消费者感官知觉及情感诉求的重要性。根据 Schmitt（1999）的归纳，体验营销与传统营销有以下差异：

（1）营销焦点：传统营销重视商品本身的功能，体验营销则重视顾客经验。

（2）对产品的定义：传统营销的产品界定方式有限，但体验营销的产品可影响到消费的情境。

（3）对消费者的观点：传统营销认为消费者是理性的决策者，但体验营销认为消费者是兼具理性与感性的个体。

（4）衡量方法与工具：传统营销偏重分析性、量化的方法与工具，体验营销则具备多元的衡量方法与工具。

商心达人——经营者篇

该怎么说？才能让消费者埋单

"戴尔对于在2009年6月25日晚间9点17分至2009年6月26日早上6点56分，在戴尔中国台湾（www.dell.com.tw）的网络商店上，发生因疏忽所造成的标价错误，造成戴尔液晶屏幕、笔记本电脑以及桌面计算机特定机种，发生错误标价情形。戴尔为顾客带来的不便与困扰，深表歉意，并将以最大诚意与受影响的顾客持续沟通，以取得顾客的谅解。到目前为止，戴尔并未对有错误价格的订单表示接受。"该则信息取自"戴尔公司7/2声明稿（针对在线价格标示错误的事宜）"。

这是戴尔公司第一时间回复给消费者的信件。但很可惜的是，这封公司道歉信件不但未达到说服消费者或令消费者满意的成效，反之更对戴尔公司的信誉造成负面的伤害。许多消费者都认为戴尔公司所发出的信件内容，并未令消费者感受到他们诚恳的态度与具体的补救措施。

戴尔公司响应信件的内容经过媒体报道，也引来中国台湾地区消基会与中国台湾消保会的注意与关切。消基会表示："包含 IBM、惠普和日本九红等错标后都照单全收，相较戴尔的不认账，消基会痛批，戴尔不负责任，违反诚信原则，除了协助消费者打官司，还将提报世界消费者联会，控诉戴尔侵犯消费者权益。"中国台湾当局"主管部门"消费者保护委员会也提出建议："要求戴尔提出合理的'阶梯式折扣'，例如售出第一台应以标错价售给消费者，第二台之后则按照公司更正后的在线折扣价（约4800 元新台币）卖给消费者；消费者因解除契约而支付转账费或其他损害，戴尔公司应给予赔偿"。虽然，后续戴尔公司有重新修正声明稿，对下单的消费者许下"愿意给予合理折扣"的承诺，但这样的动作似乎难以弥平消费者们的情绪。站在客观的立场，许多消费者、企业家与学者皆认为，戴尔公司这次危机处理的结果并不好。虽然降低了公司经济上的损失，但却赔上消费者对自家品牌的信任！试问：如果你是戴尔公司的经营者，你会如何处理这次标错价的危机呢？能否同时达到降低公司经济损失，又能确保消费者对公司品牌的信任？

诚如文章开头所言，"知觉"会影响个体后续的态度与行动。"体验营销"即是奠基对消费者知觉与感受的重视上，销售者期望借由商品体验、使用产品的过程，诱发消费者的购买动机，进而增加产品的销售绩效。

课堂活动

人生价值与消费

一、目的

（1）探索自己的人生价值观。

（2）反思自己的价值观与自身消费行为的关联。

（3）了解别人对人生价值的不同追求，学习包容与接纳。

二、说明

（1）人数：不限，以大团体进行。

（2）时间：50～60分钟。

三、程序

（1）老师说明活动目的与游戏规则，请每位学生先想好"理想的人生"应具备的"条件"，例如"人生价值大甩卖列表"上所列的项目，收集大家写的条件，准备进行一场拍卖会。每位成员都有100万元新台币的预算可供运用，拍卖时每项"条件"起价1万元新台币，每次加价最少1万元新台币。

（2）请学生先仔细思考，并将初步预算分配填入列表。

（3）开始拍卖，由老师担任拍卖官，逐项竞标，记录每项成交的价码及得标者。也请得标的学生标记自己得标的项目，直至所有项目均卖出为止。

（4）老师带领大家讨论：

①你买到的项目是你在人生中最在意的价值吗，为什么？

②哪些项目是你在人生中很想要却没有标到的，为什么？

③哪些项目是你在人生中并不在意却标到了，为什么？

④今天成交价最高的项目是什么，你觉得惊讶吗，为什么？

⑤今天成交价最低的项目是什么，你觉得惊讶吗，为什么？

⑥你的人生价值观与自身平时的消费行为有关联吗？

⑦你在活动中有什么感受和想法？

四、附件

人生价值大甩卖列表

	预算分配
①满足的婚姻生活	
②自由，可以做任何自己想做的事	
③朋友的爱戴及羡慕	
④一张环游世界的机票	
⑤对生命与未来充满自信	
⑥快乐的家庭关系	
⑦长寿，并免予疾病	

续表

	预算分配
⑧宗教信仰	
⑨一个月的假期	
⑩事业成功	
⑪终身的财务保障（免予金钱的匮乏）	
⑫了解生命的意义	
⑬没有欺骗、没有诈取的世界	
⑭在工作环境中有充分的自由	
⑮真实的爱	

习　题

1. 知觉的种类共有哪四种类别？试举例说明。

2. 请列举三项导致知觉选择性的因素。

3. 本章介绍了许多影响个人知觉的因素，请说明三种原因。并请各举一例。

4. 刻板印象、月晕效果及直下断言都是常见造成知觉诠释偏差的原因，请试着说明该三种因素如何造成知觉诠释的偏差，并请举例说明。

6 消费者的学习与商业行为

商心开讲

《女人，我最大》该电视节目除了获得高收视率外，也成功引起观众对于时尚与穿着打扮的讨论。因为，借由达人们的指导与明星们的示范，让观众可以充分比较妆前/妆后、搭配衣服策略所形塑的不同效果，进而达到学习的效果。"达人风潮"从电视圈扩展到网络区。因为，《女人，我最大》不仅成功吸引女性观众的目光，也成功打造多位知名美妆、美发达人。而知名网络购物平台——Pay Easy 也正是借由女人及达人两大议题的讨论，成功地提高了网站的收入。

Pay Easy 一开始即锁定以女性消费者作为主要的对象，站在都会女性的角色思考女性的需求，并以"讨好消费者"作为广告宣传的主要诉求。此外，现在流行的"达人策略"，也完全奔着女性想"学习美丽"的心态而来。牛尔正是首位为 Pay Easy 掀起"达人风潮"的带领者。达人策略成功的关键是"达人等于把化妆保养的内隐知识变成大众语言"。一开始，牛尔只是扮演研发商品的总监，但到后来，有专业药妆背景的牛尔，不断上电视节目宣传（特别是《女人，我最大》），通过传达彩妆、保养的知识及"没有丑女人,只有懒女人"的观念,让不少消费者学习去改变与打扮自己,更愿意购买达人推荐的商品。由此可见,生活中充斥着各式各样的营销信息,消费者并非被动地接受,而是会主动学习,并进而影响其消费决策与行为。本章将介绍古典制约、操作制约或模仿观察等行为理论并以此来帮助读者了解消费者行为。除了外显的行为之外,我们也会带领读者从消费者内在对复噪声息的处理历程了解消费者的学习行为。最后,借由信息诉求的介绍说明消费者学习与营销策略的关联,据此提供营销人员在产品推广与销售上的参考。

6.1 消费者学习的要素

学习(learning)是指由经验导致相对持久的行为改变。学习的产生可以是消费者自己的亲身经验,也可以是观察他人行为而得的间接学习。消费者学习是一种历程,指消费者能够通过阅读、讨论、观察或思考等方式获取新知识或新经验,并有所发展与改变。新知识及经验对个体来说都是相当重要的回馈,因为它们可以作为未来类似情境中行为反应的模式。

一般而言,学习的发生需具备几个基本要素:

6.1.1 动机

动机(motivation)在学习理论当中是相当重要的概念,是指驱使学习的动力,包含需求和目标。有了需求以及与需求相关的目标,才能够驱使个体去学习。动机有三个功能:第一是产生能量(energizing),也就是个体受到外在刺激或内在反应的影响,激发出学习的力量;第二是指引方向(direction),引导个体的行为朝向满足需求或达成目标的方向迈进,而对于其他与需求或目标无关的情境则不会那么投入;第三是维持努力(maintenance),动机的强弱会影响个体继续学习的程度。

6.1.2 线索

动机能刺激学习，但消费者可能不知道该从何处起学习，线索具有指引的效果，可以让个体知道满足动机的各种方式。因此，营销人员常会为产品设置品牌专柜，或在流行杂志当中刊登广告，尽可能提高线索曝光的机会，进而引导消费者行为。

6.1.3 反应

反应是指个体针对各种驱动力或线索所做的响应。假设个体具有学习的动机，并且获得许多相关的线索，但是对线索却没有"反应"，此学习历程便中断了，无法进一步引导出具体的学习行为。不过，对营销人员而言，即使消费者的反应不明显，但若是能留给消费者一个好印象，也是相当重要的。因为，随着时间或情境的改变，原本微弱的反应可能转变为极为强烈的反应，尤其是通过"增强作用"影响后。

6.1.4 增强作用

增强（reinforcement）会增加特定反应在未来面对类似线索或刺激时发生的可能性，增强作用不仅可强化消费者表现出某反应的可能性，也可抑制消费者的特定反应。有关增强作用我们将在下一节做更详细的说明。

消费者学习的方式主要有两大学习理论的观点：①行为主义学习理论认为，只要通过简单的"刺激→反应"联结过程便可达到学习目的；②认知学习理论，强调学习过程中心智活动的重要性。以下依序介绍两大学习理论，其中前者又包含古典制约、操作制约、模仿与观察学习；后者则从信息处理历程着手，说明消费者学习的过程。

6.2 行为主义学习理论

人类的行为表现究竟是受到先天遗传的影响还是后天环境的塑造呢？

"特质—情境争论"由来已久，相较于特质学派主张个体行为表现偏好是与生俱来、相对持久稳定的，行为主义（behaviorism）则认为个体行为表现可通过后天训练而成。所谓制约（conditioning）学习是一种刺激与反应的联结关系，意即学习是对特定外在刺激产生"可观察"的反应的现象，至于个体接受刺激后的心理历程，行为主义认为这是一个黑盒子（black box），无须进一步探讨（见图 6 - 1）。行为主义学习理论的重点如下：

图 6 - 1　行为主义观点外在刺激黑盒子外显反应

6.2.1　古典制约

古典制约（classical conditioning）由俄国学者帕伐洛夫（Pavlov）提出。帕伐洛夫在进行动物消化系统实验时，都会先摇铃铛，再喂食小狗，小狗看到食物便开始分泌唾液。久而久之，帕伐洛夫发现就算没有食物出现，小狗听到铃铛声后一样会分泌唾液。换言之，当一个中性刺激（铃铛声）持续与一个会引起某反应的刺激（食物）配对出现多次后，单独呈现此中性刺激也会引起与原先反应相似的反应（分泌唾液），此便称为"古典制约"，此作用机制如图 6 - 2 所示。

（1）未制约刺激（Unconditioned Stimulus，UCS）。是指原本便可引起反应的刺激，如食物或晚餐的香味。

（2）未制约反应（Unconditioned Response，UCR）。由前述未制约刺激所引起的单纯反应，也就是看到食物或闻到晚餐香味会使人分泌唾液。

（3）制约刺激（Conditioned Stimulus，CS）。单独出现无法引起反应的刺激，需与未制约刺激一起出现，才能引起制约反应。例如帕伐洛夫研究中伴随狗食一起出现的"铃铛"，或晚餐时段常响起的七点钟新闻音乐。

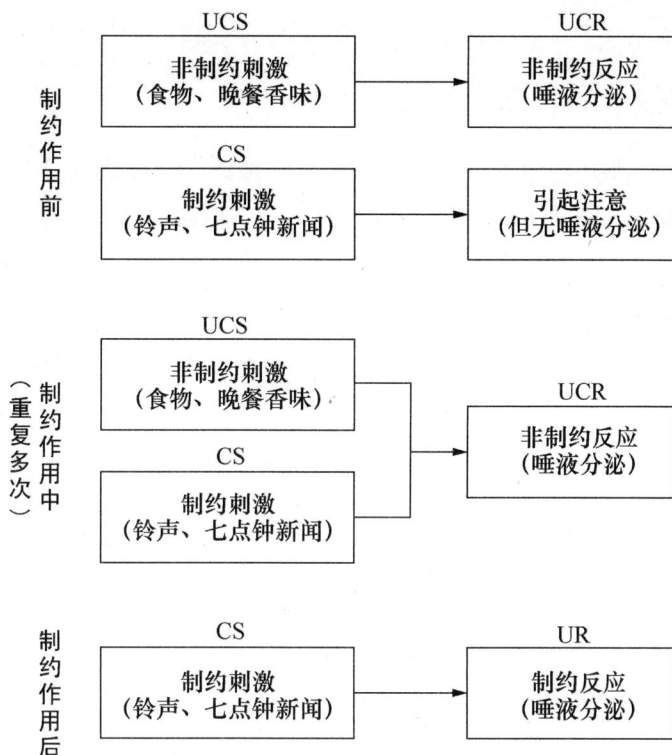

图 6-2 古典制约原理

（4）制约反应（Conditioned Response，CR）。与"未制约反应"一样，只是不再需要未制约刺激的出现，只要制约刺激便可引起反应，便称为制约反应。例如听到铃声或七点钟新闻"音乐"所引发的唾液分泌反应。

以制约历程来说，可分为制约作用前、制约作用中与制约作用后三个阶段。在制约作用前阶段，单独出现的制约反应只能引起注意，但无法引发非制约反应。而重复让非制约刺激与制约刺激一同出现，便是制约作用的形成阶段。当制约刺激单独出现也可引发原本的非制约反应（分泌唾液），此时，"非制约反应"已转化为"制约反应"了，制约作用也已形成。

古典制约原理如何影响消费者行为呢？首先，必须找出引起消费者正面情绪的非制约刺激，搭配产品或品牌（中性的制约刺激），再经由密集的联结活动，使原本非制约刺激所引发的正面情绪反应改由产品（制约刺激）来替代。

6.2.2 古典制约的策略性应用

了解了古典制约原理后，我们进一步来谈谈具体应用古典制约来形成消费者反应的策略有哪些。以下介绍重复、刺激类化以及刺激区辨三种策略。

6.2.2.1 重复

重复（repetition）是指把制约刺激与非制约刺激多次配对出现，借以强化并减缓遗忘的速度。例如 7 - Eleven 广告的口号"Always open"，后期更将此口号以音乐方式呈现，都成功让消费者留下深刻印象，只要一听到这句口号或音乐，都会想到该品牌。又像是京都念慈庵枇杷润喉糖以"孟姜女哭倒万里长城"的故事，结合喉糖"顾嗓"的卓越效果，配合广告强力放送，让消费者一想到孟姜女或声嘶力竭的刺激时，便马上联想到该品牌。

虽然重复具有强化刺激与反应之间联结的效果，但如果广告重复频率过高，消费者因无兴趣而产生厌烦，可能会降低对信息的注意及记忆，此种效果称为广告疲乏（advertising wearout）。对营销者而言，高频率的重复广告可挖掘到更多的新顾客，并与之建立关系，但却引起高忠诚度客户对广告的反感。而低广告重复量虽不利于挖掘新客户，但对忠诚顾客却有提醒的效果。所以重复次数必须在维持旧顾客与挖掘新顾客中寻求平衡。

6.2.2.2 刺激类化

刺激类化（stimulus generalization）是指与制约刺激相似的新刺激也会引起相同的制约作用。由于消费者可能会将刺激类化，所以我们有更多的学习现象如下：

（1）品牌延伸（brand extension）。指营销人员把一个现有的成功品牌名称作为新开发产品的名称，使消费者有刺激类化的现象。品牌延伸能够节省促销新产品的费用，也能够降低消费者选购时的风险，被接受的可能性较高，而若要发展一个全新的品牌则非常困难。例如，人潮熙攘往来的台北车站堪称是省内铁路车站乘客流量数一数二的大站，不过即便有如此高流量的人潮，台北车站二楼的美食街却经营惨淡，门可罗雀。直到 2007

年微风广场以同样的品牌名称经营台北车站二楼商场，转型为大型美食街。在既有品牌形象加持下，台北车站二楼以崭新的面貌现身，并成功赢得消费者的青睐，每天都被人潮挤得水泄不通。

（2）产品线延伸（product line extensions）。指对相关的产品在线增加不同的产品，利用与原产品开发相联系的技术、技能、知识进行延伸产品的制造和生产，以提高产品间的相关性并将消费者对原产品的喜欢转移到新产品上。例如本田公司从摩托车延伸到汽车，鸿海集团除了计算机与手机代工之外，也自行推出超大屏幕的液晶电视。产品线延伸主要的目的是希望能扩大市场且追求成长，以接触更多的目标消费者。

（3）授权品牌（licensing）。允许一个消费者耳熟能详的象征、名称或公众人物附加于制造商的新产品上，使新产品在促销时可以迅速成为众所皆知的品牌名称。如 Disney 公司旗下的卡通人物，像是米老鼠、唐老鸭、小熊维尼、白雪公主等便经常现身于各式各样的产品类别上。借由消费者原先对卡通人物的喜爱，类化到对新产品（如文具、电器、服饰）的喜爱。

6.2.2.3　刺激区辨

刺激区辨与刺激类化的概念相反，刺激区辨（stimulus discrimination）是指在制约作用中，个体能够只对特定的制约刺激产生反应，而不对其他刺激呈现反应，通常，历史悠久的老品牌或市场独大的领导品牌具有较高的区辨力。不过，新兴品牌的营销者也可通过对产品做适当的定位或产品的差异化等方式，在消费者心中建立独特的品牌形象。例如由永丰余关系企业——永升圃农业生物科技股份有限公司研发的"橘子工坊"，强调天然无毒清洁剂，坚持全系列产品配方绝对不含任何有害健康的物质。电视广告中，并以"恨化学的橘子工坊"为口号，成功与其他清洁剂品牌有所区隔，当消费者想到"橘子"或"无毒清洁剂"时不会想到其他品牌，而是最容易联想到"橘子工坊"。

6.2.3　操作性制约

操作性制约或称工具制约（instrumental conditioning），是由美国心理学家 Skinner 提出，他认为学习是一连串尝试错误的过程，大部分的学习都发生于受控制的环境中。在这样的环境中，个人会因表现出适当的行为而获得酬赏，为持续获得酬赏，个体会不断复制该适当行为。

无毒，让我们更安心（图片来源：**www. orangehouse. com. tw**，橘子工坊）

运用到消费者行为上，消费者借由试错的过程，了解到哪些购买行为可产生较好的结果（酬赏），于是会持续购买，此即操作制约的历程。如图 6 - 3 所示，当消费者选择某个品牌的衣服时，无非希望穿上这个品牌的衣服后能变得更亮丽，因此"被朋友称赞"便是此操作制约历程中的酬赏。广泛获得朋友青睐的衣服品牌，致使消费者继续购买的动机便很强。运用此历程，营销者要做的便是想办法说服消费者，使用自家的产品可以获得酬赏。

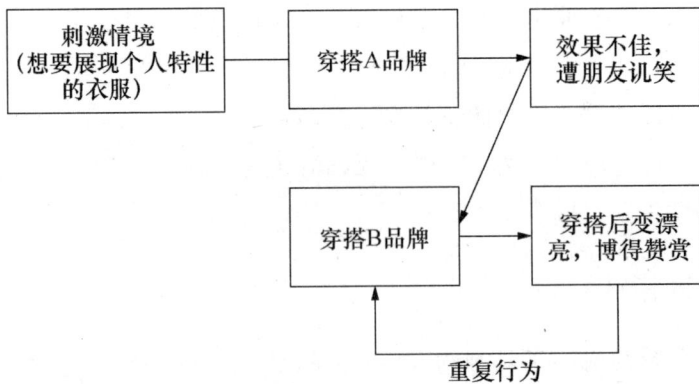

图 6 - 3　操作制约原理刺激情境

Skinner 提出两种增强（或酬赏）的类型，皆会增加某个行为重复发生的可能性，一种是正向增强（positive reinforcement），指个体在反应后获得愉快或正面的结果，因此会增加该行为重复发生的可能性；另一种是负向增强（negative reinforcement），指个体在表现出某种行为后，能够避免不愉快或负面的结果，因此个体在未来相似情境下，会增加再次表现该行为的概率。

6.2.4   操作制约的策略性应用

了解了操作制约的原理后，以下进一步介绍操作制约于消费者行为的应用：

6.2.4.1   消费满意度的增强

（1）对销售人员满意度的强化。在服务业中，销售人员是直接与消费者做第一线接触的人，销售人员的服务质量对消费满意度有绝对的影响力。因此，公司应甄选擅长与顾客互动的员工，并进一步训练销售人员平时对消费者微笑、倾听等亲切动作，以提高消费者的满意度，并强化下一次消费的动机。

（2）对产品本身满意度的强化。产品本身使用后的经验是最强而有力的强化物。如果产品表现良好，消费者下次还是会购买；反之，若是产品本身表现欠佳，将使消费者避而远之。以剪发为例，消费者花钱购买的是一个新发型，若消费者很满意新发型，那么不仅愿意再次莅临，也很乐意向朋友推荐这家发廊；倘若消费者不喜欢新发型，即便设计师的态度非常好，他再度光临的可能性还是很低。

（3）对交易或服务环境满意度的强化。除了使用产品本身的经验外，消费者也可以通过环境等因素增强满意度。例如，店面看起来温暖、富有朝气，在里面消费让人感到年轻许多，较可能再次消费。许多餐厅除了力求餐点的美味与服务人员的亲切态度之外，餐厅的整体设计也是下足功夫。例如南洋料理餐厅常见巴厘岛风情的家具、摆设；日式料理店的日文招呼语、餐具、背景音乐等让人感觉仿佛身处日本国度。

（4）关系营销。主要与消费者发展一种亲密且长久的个人化关系，让消费者成为常客的酬赏性计划，以加强正向增强，例如会员卡、消费集点卡。例如星巴克的随行卡、使用中国信托信用卡搭乘台湾大车队出租车折扣优惠、7 - Eleven 限定优惠商品，或像是摩斯汉堡每储值 1000 元新台币的摩斯卡，赠送可供兑换汉堡或其他商品的点数等。

6.2.4.2 增强排程

有关增强作用的安排，依据"时程"与"次数"的不同而有四种形式：

（1）固定时距增强（fixed - interval reinforcement）。每隔一段固定的时间，便提供强化物或酬赏以刺激行为产生。例如，百货公司每年的周年庆或母亲节档期。

（2）固定比率增强（fixed - ratio reinforcement）。当行为发生一定次数之后便给予酬赏。例如，红利积点、飞行里程数兑换等。

（3）变动时距增强（variable - interval reinforcement）。每隔一段不固定的时间便给予酬赏。例如，屈臣氏、康是美不定期推出的商品折扣、特惠组合。

（4）变动比率增强（variable - ratio reinforcement）。有时候，偶尔的酬赏，也可以产生增强的作用。换言之，并不需要在每次消费交易时均提供酬赏，也能鼓励消费者重购。例如，信用卡签单号码兑奖、买礼券参加抽奖，或是喝饮料开瓶惊喜等。

商心达人 ——经营者篇

坚持会员收费制度的 COSTCO

中国台湾地区的量贩业一向是百家争鸣、战况激烈，1989 年来自荷兰的万客隆与法国的家乐福同时进入中国台湾市场，扭转过去传统杂货店的贩售形式，改变为自助、开放的仓储购物模式。而后，1998 年润泰集团所属的大润发购并大买家、亚太等量贩店，分店数达 22 家之多，另外还有爱买吉安或喜互惠等较小型量贩店。中国台湾地区量贩店的销售表现可谓另类的台湾奇迹，一家人一起逛大卖场成了周末常见的景象。

在百家争鸣的局势中，好市多（COSTCO）于 1997 年加入中国台湾地区，但截至 2010 年在中国台湾地区也仅有 6 家分店，远不及家乐福中国台湾分店的 1/10（共计 62 家分店），但竟有 20% 的营收成长率，为同业之冠，平均单店业绩是同业单店的 2.5 倍！好市多的成功来自诸多策略，例如延迟涨价、多进库存、精选商品、降低营销成本（品项控制在 4000 种以下，不到一般量贩店的 1/4）、四成为进口商品、仓库式陈设减少清洁成本、不重装潢，但建材耐用 20 年等。但最最与众不同的策略是：坚持会员收费制度！

好市多创立于 1976 年美国加州圣地亚哥，为全球第一家会员制的仓储批发卖场。与一般大卖场不一样的是，消费者一定要具备"会员"的身份才能入内购买，每年还得缴交 500～1000 元的年费。这听起来有点不可思议，但会员收费制度不仅没有吓跑消费者，其分店已遍布 8 个国家，共计 577 个卖场。好市多差一点不会在中国台湾出现，因为中国台湾股东反对会员收费制，他们认为会员卡已经提高经营困难，更何况还要收费！但事实这项策略证明为好市多与消费者带来了双重的帮助：会员费帮助好市多降低营运成本，使商品售价低于其他竞争者，消费者便可以更低廉的价格购得商品。另外，好市多也会提供给会员一本"会员护照"，里面提供各月份的商品折价券，让消费者一整年都有理由到好市多走一走、逛一逛！而卖场内特有的美国进口商品，也是吸引消费者再度光临的关键性因素。若仅用一半的价格便能购得市价昂贵的进口商品，在获得朋友惊呼、羡慕的同时，会不会鼓舞你再度前往好市多消费呢？答案绝对是肯定的！

不论是会员护照还是低廉的进口商品，这之中其实运用了操作制约的原理。会员卡制度或是折扣都是常见的营销手法，其他量贩店也很常使用，但好市多却将其发挥得淋漓尽致，让消费者甘愿掏钱每年交会员费！

资料来源：①大润发官方网站：《卖场信息》，检索日期 2010 年 11 月 19 日，取自 http：//www. rt - mart. com. tw/store. asp？ fno = 55&no = 65。

②好市多中国台湾官方网站：《认识好市多》，检索日期 2010 年 11 月 19 日，取自 http：//www. costco. com. tw/costco. htm。

③吴怡萱：《好市多营收成长 2 成的秘密》，《商业周刊》，2008 年第 1093 期，第 68 页。

④家乐福官方网站：《分店信息》，检索日期 2010 年 11 月 19 日，取自 http：//www. carrefour. com. tw/store/store01. asp。

⑤滕淑芬：《家乐福、COSTCO、TESCO、大润发——大卖场超级比一比》，检索日期 2010 年 11 月 19 日，取自中国台湾光华杂志 http：//www．taiwanpanorama.com/index.php。

商品多、价格低、摆设整齐、通道宽敞的卖场，等
你来搬东西回家（图片来源：维基共享资源）

6.2.5 模仿或观察学习

不论是古典制约或操作制约，皆强调刺激对个人行为的塑造。但美国社会心理学家 Bandura 提出"社会学习理论"，认为学习是通过模仿（modeling）或观察学习（observational learning）发生的，在这种情形下，消费者并没有直接获得增强，而是借由观察别人在某些情况（刺激）下的行为反应，以及随后产生的结果（增强），然后在面对类似的情境时，模仿该行为。因此，营销人员会寻找目标消费者所认同的广告模特儿（或代言人），期望能够达成模仿的效果。最典型的例子便是由 NBA 球星所代言的球鞋，其用意便是希望通过知名球星的穿戴吸引消费者仿效，进而产生购买行为。

106

商心达人 ——消费者篇

淡定了吗

托 BBS 与脸书等多元媒体管道的福，原本一件看似稀松平常的分手事件，遂成为最近大家广为讨论的话题，不仅脸书被洗板（是指都是与"淡定红茶"有关的信息与响应文），新闻媒体也跟着一窝蜂地报道，连原本乏人问津的"淡定红茶"也霎时成为热门商品。

其实"淡定红茶"在中国台湾造成的热潮现象已非首例。从早期的王建民、郭泓志、曾雅妮，到现在的林疯狂现象，都是通过网络与新闻媒体大肆报道与转载而获得民众的高度注意与支持。不管是早起看 Wang 投球或一起为 Jeremy Lin 加油等宣传口号，往往都可号召不少热情的民众参与。当然，这些明星人物的周边商品更常造成抢购或供不应求的现象。这些知名的运动球星会成为大家关注的焦点，除了是一种与有荣焉（中国台湾人的骄傲）的感受之外，更重要的也是朋友、同事间共同话题的来源。记得，只要碰到尼克斯队的比赛时，当天大家见面时一定会问"你看林书豪的比赛没"、"你知道吗，他这场比赛超神的"。这也是为什么许多职业球队在挑选球员时，除了考虑球员的运动能力之外，"球员的名气与号召力"也是球队评估的重点。

因为高人气球星的加入，不仅是票房的保证，其周边商品的热卖也会增加公司的总体收益。

换言之，网络与新闻媒体也是形塑消费者购买行为的重要管道。随着焦点新闻的更迭，消费者讨论与关注的焦点也不停地在变动，从"林疯狂"、"淡定红茶"，下一波吸引大家讨论与消费者购物的焦点又会是什么呢？

6.3 认知学习理论

以心智活动为基础的学习称为认知学习（cognitive learning）。认知学习理论认为学习主要包含复杂的信息处理历程（information processing），它不同于行为学习理论，不强调重复、酬赏与特定反应间的关联性，重视动机及产生期望反应的心理历程。认知学习理论所探讨的正是行为主义所忽略的"黑盒子"。

当消费者面对产品属性、品牌等刺激信息时，信息处理的强度与程度常会与消费者本身的认知能力、对产品种类的经验及待处理信息的复杂程度有关。具有高认知能力的消费者通常能获得较多的产品信息，且具有较好的整合能力。消费者对某一产品种类越熟悉，也越能够提高认知及学习能力，并将熟悉的信息转移至新的或不熟悉的产品，以帮助理解。以下我们先探讨消费者对信息处理的历程，接着再介绍相关的信息涉入理论。

6.3.1 信息处理历程

图6-4为个体信息处理与记忆储存的历程，由左向右看为不同阶段的认知历程，信息可能经过重重关卡获得储存以供日后撷取，但更容易被遗忘或遗失，无法进入下一个认知阶段。

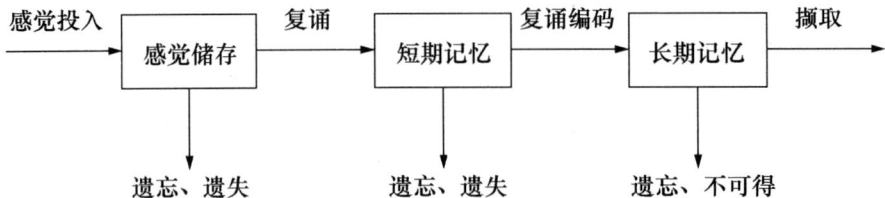

图6-4 信息处理与记忆储存历程

6.3.1.1 记忆结构

当个体接受外在信息（或刺激）后，在信息被更进一步阶段性处理之前，可暂存于"储存空间"当中。储存空间包括感觉储存（sensory store）、短期记忆（short‐term memory）及长期记忆（long‐term memory）。

（1）感觉储存。所有信息（或刺激）都是通过感官来接收的，每个由各感官接收的片段信息进入大脑，汇成为一完整的影像，感觉投入的影像只会在感觉储存中持续一两秒，若没有加以处理，则会立刻消失。因此要让信息（信息）进入到消费者感觉储存并不难，但是要形成持久的印象，却不容易。

（2）短期记忆。当信息进入到短期记忆，通过不断地复诵，信息便可能被保留一小段时间。假如信息没有被复诵和转换，信息可能在30秒以内就会消失。由此显示短期记忆的短暂性。当短期记忆容量无法处理过多的信息时，会容易产生信息过度负荷（information overloaded）的情形。针对消费者短期记忆的特性，营销人员应避免因过多的广告散播而造成消费者信息负荷量过多，尽量在广告中只呈现产品重要信息。另外，在产品的命名上，为引起注意产生短期记忆，宜尽量采取消费者容易编码的产品名，例如"多喝水"矿泉水、"蟑会灭"灭蟑药。

（3）长期记忆。指记忆中能够长期被保存的信息，虽然到达长期记忆的信息，也有可能在几分钟内就忘记，但通常都可保存几天、几星期，甚至几年。

6.3.1.2 复诵与编码

借由不断地复诵（rehearsal），可让信息进入短期记忆，也可以让短期记忆移转到长期记忆当中，若没有重复地复诵，很有可能在尚未进入长期记忆前，就已经遗忘了。让信息进入长期记忆，可能还需将存于短期记忆中的信息进行编码（encoding），借由编码的方式，将外在刺激经由心理运作转换为另一种形式，以便利日后储存与提取的过程。例如，台铁"追分与成功"、"十分与幸福"两站间的运输服务，串起消费者对于"追分成功"、"十分幸福"的联想，而造成这两段车票的热卖。达美乐比萨的外送专线"28825252"便取自"饿，爸爸饿，我饿我饿"的谐音。

6.3.1.3 撷取

撷取（retrieval）是指我们从长期记忆中取出信息的过程。有时候，我们会对很熟的信息遗忘，这便是撷取系统的失灵。因此，在广告中必须加入与广告信息相关的要素，借此提升消费者对产品的记忆程度。

一般而言，影响记忆撷取的因素有两方面，分别是生理因素与情境因素：

（1）生理因素。受限于消费者的生理条件，记忆撷取的难易程度也会有所不同。例如高龄消费者对于当下情境的回忆较困难（如忘记自己起身是要去拿什么东西），但对于年轻时的回忆却历久弥新。

（2）情境因素。例如消费者对该信息投入了较高的注意力，则可提高此信息日后被提取的容易程度。好记的品牌名称、图像、造型等也提供了特定的产品属性线索，有助于消费者记忆之撷取。此外，消费者所处的环境也会影响他们对于信息撷取，例如周末时播放美食或美景的节目时可能会提升消费者的消费意愿。如果周末刚好在家也没事情可做时，在此时观看到相关的节目时，消费者可能会萌生这地方好像很不错，也许可以出去走走的想法。

6.3.2　涉入理论

消费者每天面对庞杂的信息量，有些信息一转身就忘，有些信息则可以留下深刻印象。信息呈现的形式（视觉的？听觉的?）会影响消费者对信息的接收程度。此外，消费者本身的需求与动机更是会影响信息的去与留。

6.3.2.1　媒体涉入

媒体涉入（media involvement）是指消费者面对媒体的刺激时，所引发的重视及处理程度。媒体涉入是由脑侧化（hemispheral lateralization）理论发展而来，该理论认为右半脑着重处理非语言性活动（图案、情绪、冲动及直觉），左半脑则是处理认知性活动（理性、阅读、说话）。因此电视节目等皆是电视台人员所安排或处理过的信息，观众会以右半脑来处理，但心态上是相当被动地接收信息，所以电视被视为是一个低涉入的媒体。相反地，报纸杂志呈现的信息是以文字语言为主，并且需通过左脑思考其意义，读者能够经由主动的意向，选择想要阅读的部分，且能控制阅读的速度，所以报纸杂志被视为是高涉入的媒体。

6.3.2.2 消费者涉入

消费者涉入（consumer involvement）是指消费者对产品保持警觉和兴趣的状态，涉入程度的高低取决于该产品与个人的攸关性。换言之，消费者涉入程度深（高涉入），会产生强烈的动机，倾向于优先处理重要的需求。对高度涉入的消费者而言，可接受的品牌较少；低涉入的消费者则较易接受众多的购买信息，且会考虑其他品牌。

6.3.2.3 推敲可能模式

推敲可能模式（elaboration likelihood model，ELM）指消费者在接触外在信息时，会依据信息内容、个人特质及外在情境等因素的不同，而采取不同的信息处理方式。如图6-5所示，对高涉入购买者而言，因为信息与消费者攸关性高，所以营销者经由中央途径，可能是较好的营销策略，较能够说服消费者。但是对低涉入购买，则是使用周边途径较为有效。

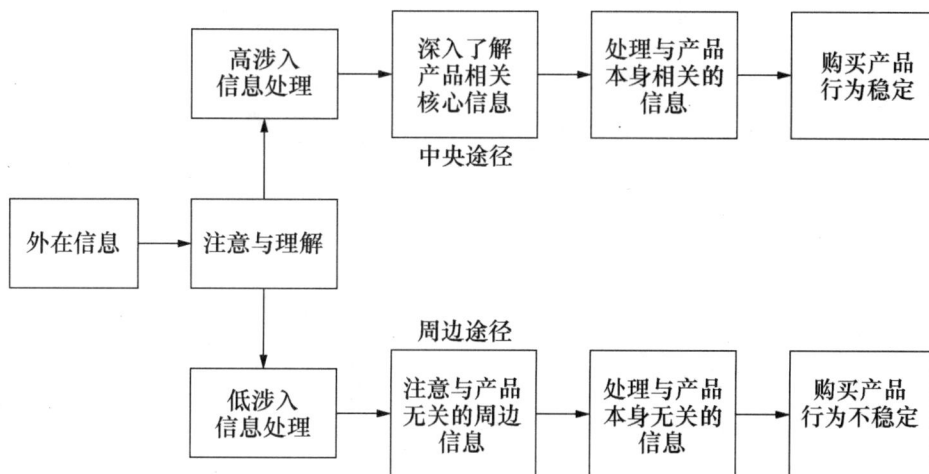

图 6-5 推敲可能性模式

（1）中央途径（central route）。指当购买任务与消费者有高度关联时，消费者除了会收集信息外，更会以深入的角度处理信息，集中注意力了解信息、反复思索信息与仔细评估产品利益与缺点。

（2）周边途径（peripheral route）。当购买任务与个体的攸关性不高时，消费者将只从事有限的信息搜寻与评估，把注意力集中于消息源的吸

引力、专业形象与广告气氛等，而非信息内容本身，此为周边途径的处理
方式。

6.3.3　信息诉求

从前文我们知道，消费者对于信息的解读历程与涉入模式，但究竟什
么样的信息会让消费者印象深刻呢？信息诉求是指用什么样的策略来展示
信息的主题意义，即探讨信息主体的内容以什么样的叙述、什么样的角度
来加以阐述，才能使产品的属性被凸显出来。

6.3.3.1　比较性诉求

比较性诉求（comparative appeal）指广告诉求中，把自我品牌与竞争
品牌做比较，并以明示或隐喻的方法，告诉消费者自我品牌对消费者的好
处，让消费者不由自主做出有利于品牌的结论。例如，品牌欧莱（OLAY）
在"新生高效紧致护肤霜"广告中主打"美国 Good Housekeeper 杂志评价
媲美 350 美元顶级乳霜！"来强调自家产品物超所值的优点。又如，近来
热门保健饮品"葡萄糖胺液"，来自美国的"纽崔莱"为知名品牌，省内
葡萄王公司推出"勇股王葡萄糖胺液"，广告中便强调"大罐的每次都很
难倒"，暗指竞争对手的产品采大瓶包装，重量过重，在倾倒时很容易洒
出来。而自家产品采小包装，即便是老人家也方便饮用，也是采取"比较
性诉求"的方法。

6.3.3.2　理性诉求与感性诉求

理性诉求（rational appeal）是以具体和客观的方式，详细说明、比对
或示范产品的属性，是对消费者有益的诉求方式。任天堂公司于 2006 年推
出家用游戏机革命性产品"Wii"。让玩家能以前所未见的手持控制器方
式，做出网球、棒球或其他运动的动作，仿佛身临其境，真的进行运动一
般。Wii 的命名也有玄机，Wii 发音同"We"，强调老少咸宜，是一款能让
全家老小都乐在其中的游戏机。而在 Wii 大卖之后，其竞争对手微软
Xbox360 于 2010 年底推出体感套件 Kinect（原意为 Kinetic，"运动"，但发
音同 Connect，"互动"），该套件只有一个摄影机，却能侦测玩家每个关节
与每个动作。换句话说，只要用身体就能玩游戏，不需像 Wii 或其他主机
还要手持控制器。此款套件无疑是家用游戏机更上一层楼的突破，广告中
更是强调产品胜过其他竞争对手的特点。

感性诉求（emotional appeal）则是以象征意义或打动人心的故事陈述产品的意涵，以触动消费者的情绪。例如，台新银行推出女性专属信用卡——玫瑰卡，以"每个女人心中都有一朵玫瑰，认真的女人最美丽"来称赞女性于生活中的努力不懈，获得广大女性消费者的认同。一般而言，当产品相似性高时，营销者可采用感性诉求，让消费者留下深刻印象、赢得好感；而当产品具有创新功能或其他优点时，则应采用理性诉求，强调自家产品与众不同之处，帮助消费者了解产品的独特性。

6.3.3.3　性诉求

性诉求（sex appeal）是以卖弄身体性感部位，或是以含蓄婉转的性暗示刺激消费者对广告主题产生注意及遐想空间。以性诉求方式呈现的广告常常会引发争议，但也因议论纷纷，引起大众注目，反而助长以性诉求的广告增加。近年来，女性内衣广告尺度越来越开放，为增加广告的可看性，胸部特写早已不足为奇。剧情也会安排路人因看到女主角美丽的胸部而失神的画面。此类广告虽是女性自信的展现，但也有不少抗议之声认为广告有物化女性之嫌。

6.3.3.4　恐惧诉求

恐惧诉求（fear appeal）是以恐惧为诉求的信息强调负面的结果，意在告诉消费者，若不改变某种态度或行为，就会导致可怕的结果。换言之，恐惧诉求是以威胁或使消费者心生恐惧的方式达成说服目的。像是倡导酒后驾车严重后果的短片，常以"一场车祸，两个破碎的家庭"等结论，提醒大众酒后驾车可能造成的伤害。又像是在戒烟广告中，肺就像是一个海绵，你所吸进的每一口烟，都在肺部造成焦油的累积，广告中并用手拧象征着肺的海绵，瞬间挤出浓稠乌黑的焦油，相信对消费者造成不小的震撼。

6.3.3.5　比喻诉求

比喻诉求（metaphorical appeal）是指借由相似事项的举例说明，把产品抽象的属性功能或象征意念表达出来，使消费者了解当中的意涵。

（1）属性拟人化（trait personalization）。通过卡通图案、动物或创造拥有特定个性（性格）的人物等，把产品的属性呈现出来，让消费者对产品属性有更多正向的感觉，例如，中国台湾电信 MOD 广告中，将 MOD 拟人化，化身为超完美管家，可提供爸爸、妈妈、妹妹各自想看的节目，打点好每个人的要求，而且基本月薪只要 89 元！（是指安装后每个月服务费。)

（2）相似法则或隐喻（metaphor）。使用类似逻辑学的推衍法，即甲等于乙，就如同丙等于丁。使用相似法则能够让消费者以日常生活的比喻方式，充分了解产品的抽象功能。例如，全家便利商店耳熟能详的广告词"全家就是你家"，比喻在便利商店购物的方便。

（3）共鸣法则（resonance）。是指在文字的叙述中，除了字词的表面意思，也具有更深一层的意义，这深层意义通常才是广告的重点。例如，纽约人寿一则沙画广告，问及："你家有没有传家之宝？是一种你拼了命也要保护的"变幻莫测的沙画由一枚戒指转变成一对男女相望，代表家庭的形成，再变化成一名新生儿诞生，说明了"人"才是最珍贵的宝贝，纽约人寿代代呵护的就是"人"这个传家之宝。为了守护传家之宝，就要用纽约人寿来"保"障，纽约人寿也就成了传家之"保"。

通过本章的介绍，读者可了解消费者行为虽可通过古典制约、营销企划（逻辑、创意、执行力）、操作制约或模仿观察来形塑，不过，消费者对复杂信息的处理历程，也就是内在认知学习，也对消费者学习有莫大的影响。企业可以利用消费者于处理产品信息历程的差异，采取不同的营销策略，建构不同的商品信息与宣传管道。例如通过广告或网络口碑营销以维持消费者的记忆，甚或是强调自身商品与其他商品的差异，建立消费者对该商品的印象与信任。

课堂活动

偶像是我们学习的楷模

一、目的

（1）思考楷模在观察学习中的角色与作用。

（2）反思各式各样的偶像在我们生活各个层面的影响。

二、说明

（1）人数：现场分组。

（2）时间：约 60 分钟。

（3）材料：纸、笔、定时器。

三、程序

（1）活动分两阶段进行，第一阶段为辩论比赛。先将全班分成两大组，以"偶像是我们学习的楷模"为题，抽签决定正、反方。正方必须支持论题，反方必须反对论题。若人数太多，可在每一大组中再分小组先行讨论，而后整合大组内意见，与对立方辩论（注："偶像"也采广泛认定，包括英雄人物、流行文化名人、社会成功人士等）。

（2）每方有20分钟时间准备论述。

（3）正式辩论流程：

①正方陈述5分钟，反方诘问1分钟，正方响应1分钟。

②反方陈述5分钟，正方诘问1分钟，反方响应1分钟。

（4）第一阶段辩论结束后，老师将全班同学重新分成6人一组，其中有3人原属正方，另3人原属反方。此为第二阶段的小组讨论。

（5）每组有15分钟的时间整合组内意见，充分讨论支持与反对论题的各项论述（可参考第一阶段辩论比赛中所提出的论点与证据），务必达成团队共识。

（6）每组准备简短的口头报告，老师可征求志愿者在课堂上分享。

习　题

1. 请简述古典制约原理，并举一例说明。

2. 请比较"刺激类化"与"刺激区辨"两概念的异同。

3. 又有一家百货公司开幕，业者推出消费送豪宅活动，只要顾客消费满一万元即可兑换一张抽奖券。请问这属于增强排程中的哪一种？

4. 何谓"推敲可能模式"？请简述其内涵。

7 消费者态度的形成、改变与商业行为

商心开讲

自1968年中国台湾红叶少棒队以7:0的分数大胜日本少棒代表队后，开启中国台湾棒球发展的风潮。中国台湾棒球发展的历史已逾百年，19世纪末，因日本殖民的影响，中国台湾开始接触棒球运动。第二次世界大战后，民生困苦，棒球赛事的观赏与讨论慢慢成为中国台湾人民生活的一部分。近年来，中国台湾职棒的球队规模与票房尽管受到职棒签赌、球员收贿打放水球等事件的影响而低迷不振，但只要是"中国台湾棒球代表队"参加的每一场赛事都仍深深地牵动媒体与人民的关注与情绪。以2013年世界棒球经典赛为例，即便2012年台湾职业棒球赛的平均票房仅约2500人，但2013年3月在中国台湾开打的世界杯棒球经典赛，只要是中国台湾队的比赛，场场爆满，每场观众均2万多人。换言之，尽管中国台湾球迷对于职棒的态度随着职棒丑闻而趋于消极，但对于中国台湾棒球队比赛的支持仍不减热情。令人好奇的是，虽然都是棒球赛事，但是什么因素让球迷（消费者）对于球赛产生不同的态度与期望？此外，中国台湾球迷对于台

湾地区内棒球比赛的态度是否有所转变？为什么消费者不愿再买票进场看球了呢？对于这一连串的为什么，本章将探讨消费者的态度，借由对消费者态度的形成与改变历程的了解，梳理各种可能影响消费态度的因素。

7.1　态度的定义、研究目的及组成结构

7.1.1　定义

态度是一种习得的倾向，表现出对标的物（如产品类别、品牌、服务、广告或零售商）长久且一致性正向或负向的行为反应。

7.1.1.1　习得的倾向

研究消费者行为的学者们都认为态度是习得的，在形成的过程中，深受使用经验、口耳相传或大众传播广告等活动所影响。这样习得的倾向，会驱使消费者采取或避免某些消费行为。例如，"网友一致推荐"的商品，容易让消费者对该商品抱持正面、愿意尝试的态度。又大家都说"买票进场看球的人都是傻子"，那么就会降低民众购票进场看球的意愿。

7.1.1.2　标的物

标的物（object）是指与消费或营销有关的任何实体（产品）或概念，可以是产品的类别、品牌、服务、人物或广告等。易言之，我们对任何东西都会有态度，人、事、物都是我们喜欢或不喜欢的对象。

7.1.1.3　一致性

一致性（consistency）是指在一般正常情况下，消费者表现出来的行为会与其态度相吻合。如前所述，喜欢大卖场就会常去光顾。此时，态度与行为便是一致的。不过，态度虽具有一致性，却是短暂的，而非永久不变的。态度仍是会受到其他因素而改变。例如，住家附近新开了一家7－Eleven，物品虽没大卖场齐全，价格也没大卖场低廉，但这间便利商店不仅离家近且24小时不打烊，贪图生活便利的你可能就常去这家超商，而

117

几乎不去大卖场了。易言之，你对大卖场的好感不知不觉中被这家新开的便利超市改变了。

7.1.2 态度研究的目的

营销者通过态度研究，除了了解消费者的态度内涵之外，也有助于经营者了解消费者对产品的接受情形，并进一步预测消费者的购买行为。此外，经营者也可以通过各式的营销活动强化或改变消费者的购买行为。

7.1.2.1 态度的结构和组成成分

一般认为态度包含三个组成成分，分别为认知成分（cognitive component）、情感成分（affective component）及行为意向成分（behavioral intention component）。三者关系如图 7－1 所示。

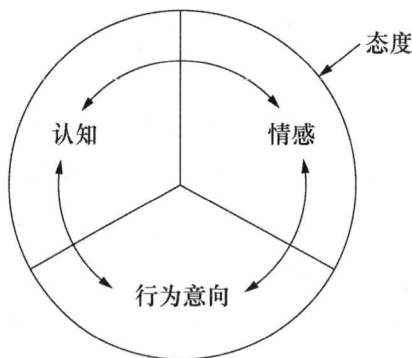

图 7－1　态度的三个组成成分

（1）认知成分。因直接经验或其他渠道所获得的信息，经整合后，对态度标的物所形成的知识与知觉。此知识与随之产生的知觉形成所谓的信念（belief），代表消费者相信此标的物拥有某些属性特征，及不同行为可能产生的特别效果。例如，"贵的东西质量一定比较好"是消费者认定的事实，但是这些观念并不代表信念一定是真的，也不代表每个消费者都这么认为。消费者信念一般可分为三种形态：

①描述性消费信念。指消费者对产品或他人的一种结论性看法，例如大部分的消费者对于碗、筷、毛巾、沐浴用品等，都会倾向将其归类于"日常生活必需品"的范畴；而相机、汽车、私人游艇等则被归类为"奢

118

侈品"。

②经验性消费信念。指消费者经由个人经验累积而成的消费信念，例如当个人从小便习惯使用同一品牌的商品，如黑人牙膏、大同电饭锅，该消费习惯与使用经验便会影响个体对于该品牌或该产品的认知。

③规范性消费者信念。指传统文化或伦理道德所产生的消费信念，例如因为对日本文化的崇拜，加上对于日本人凡事谨慎、仔细、敬业的印象，因而常听见"日货比台货好"的消费评论。

（2）情感成分。指消费者对态度标的物（产品或品牌）好恶价值判断的心理取向。例如，"这家是我们从小吃到大的老店"。消费者信念与情感反应一般都是联结在一起的，当我们在接收营销刺激时，不单只是产生对产品（品牌）的信念，还会加上我们对信念正向或负向的评估。例如，"价格太贵"（负面反应）、"店员服务很亲切"（正面反应）。情感成分代表消费者对态度标的物直接或整体性的评鉴，所以测量情感成分需要使用评估性题目（喜欢—不喜欢，满意—不满意等）来了解消费者对态度标的物的正负向想法。

（3）行为意向成分。行为意向代表消费者对态度标的物采取某种特别行动或行为的可能性（likelihood）与倾向（tendency）。如前所述，情感成分是对产品具有评价性的向度，但是行为意向则是直接了解消费者购买产品的倾向强度。就实际购买行为的预测力而言，行为意向较情感高，因此营销人员通常会以购买意图（purchase intension）量表衡量消费者购买产品的可能性。值得一提的是，行为意向并不等同于行为，行为是指消费者实际获取、使用及丢弃的活动，而行为意向则只是对产品表现出某种反应倾向。例如，当我们要到外地旅游时，总习惯先上网搜集相关信息，再进一步打电话向饭店客服人员询问更多关于住房的相关信息。当然，询问并不一定表示会有实际的消费行为，因为很可能该消费者还只是停留在比价的阶段。消费者打电话至饭店询问的行为仅能显示出他们对该饭店可能有很大的购买意愿。

7.1.2.2 态度的 ABC 要素与效果层级

从上面的描述，我们知道态度包含认知、情感及行为意向三要素，而该三要素构成的模式又称为态度的 ABC 模式。随着这三种要素组成顺序的差异也形成了不同的态度效果层级，如图 7-2 所示。

(1) 标准学习层级

(2) 低涉入效果层级

(3) 经验效果层级

图 7 - 2　态度的效果层级

（1）标准学习层级（standard learning hierarchy），是最常见的态度形成模式，又称理性层级或高涉入效果层级。采用该种态度层级的消费者会先大量搜集信息，并针对信息进行广泛的比较与评估，以形成个人对于该商品所抱持的态度。例如正向态度（物美价廉）或负向态度（价高又不耐用），进而影响后续的消费行为。

（2）低涉入效果层级（low involvement hierarchy of effects），相较于高涉入效果层级是因为"认知产生态度"；低涉入效果层级则是仰赖"行为形成态度"。例如，试吃活动可以让消费者在短时间就确认自己是否喜欢这个食物的味道与口感，而不需通过详细的信息搜集与比较。

（3）经验效果层级（experiential hierarchy of effects），是指消费者对商品或其所属品牌先有了情感联结，进而产生购买行为。比如，星巴克为推出的城市纪念杯，随着各地风情不同而有不同的花色与图案，同时兼具实用与纪念价值。因此，城市杯成为许多星巴克迷们外出旅行必买的纪念品。

7.1.2.3　态度的功能

心理学家凯兹（Daniel Katz）认为，了解个人的态度，有助于了解社会行为的发生。从"态度功能论"（functional theory of attitudes）的观点来看，态度之所以存在是因为它具备了某种功能。换言之，态度因人而异，随着个人动机的差异而有所不同。而消费者对于产品的态度可能是受到过

120

去消费经验的影响，也可能会对其未来的消费行为产生影响。凯兹认为态度具有以下四种功能：

（1）知识功能。态度可以组织个人的知识、经验与信念，进而提供个人一套确切的标准或参考架构，协助个人能将杂乱无章的信息快速地做分类与吸收。例如，刻板印象就是一种态度，它协助消费者对特定的商品赋予不同的特性或特质，进而建立一套特定的经验架构。但也有些产品或事物是不存在个人既有知识架构内的，而当个人发现原来具有知识功能的态度不能帮助自己了解其所接触到的现象，或无法赋予该现象意义时，则个人的态度也会随之改变。举例来说，当消费者发现网络购物比实体购物来得方便与轻松，他们会开始调整自己的消费习惯，更新既有的消费知识架构，容纳更多的新信息。例如网络购物不一定要预先付款，可借由便利超商等平台，选择货到付款的方式，以降低消费者付款后却收不到货的风险。当然，有时候个人也许会尽量避免接触到新的信息，以避免产生冲突。例如，习惯使用 Windows XP 系统之后，会拒绝使用不同的计算机操作系统（如 Mac 系统），以避免造成系统不兼容或使用方式不同的困扰。

（2）工具性功能：当态度的形成可以帮助个人得到奖赏或逃避惩罚，此即为态度的工具性功能。在某些情况下，态度是达成目的的手段。例如，"要孩子！"或"不要核子！"会提升民众对于居住环境质量的注意与要求。而当此种态度得到消费者的接受，就容易形成社会风潮而不被排斥。此外，在个别的情况下，如果事物本身只是达成目的的手段，此时的态度就容易由该事物及其后果的可想而知。例如，化妆品销售员对年轻单身女性有较好的态度，是因为他们很容易把化妆品推销给她们；但对中年妇女则不同，是因为中年妇女总喜欢讨价还价，不易推销。因此，化妆品销售员容易将成功、利润和年轻单身女性联想在一起；而把失败、困难和中年妇女联想在一起，自然对她们产生了不同的态度。

（3）价值显示功能。态度也可以直接显示个人的中心价值和自我意象。例如，一个具有强烈自我风格的人，对于产品的选择、购物环境及衣着标准等，都会想表现出与他人不同的态度。比如男性消费者，对汽车、运动及科技产品的好奇与接受度较女性来得高。而不同的消费态度与价值观的背后，显示的是消费者个人的生活风格及社会地位的差异。因此，态度具有显示价值的功能。

（4）自我防卫功能：态度可以保护个人，以避免个人的自我受到不愉快或威胁性的刺激伤害。威胁性信息可能会促使个人产生焦虑感；而某种态度的培养，则可以帮助个人如何避免受到这种信息的影响。一个没有能力的医生，可能会发展出一种态度，认为是因为护士能力不足或医院无法提供足够的医疗资源等理由以求保护自己，满足自己的优越感。自信心不足的消费者，可能借由名牌消费来增强自己的自信心，而企图避开个人对于外貌的自卑、家庭经济不好等压力，以保持完整的自尊。又或者日本人将茶道看成一种身份地位的象征，那么他们就会抗拒携带的茶包。而自我防卫功能的态度，通常比较不容易被改变，一旦形成，可能有赖于专业的临床或咨商人员的介入，方能进行。

由上可知，态度可提供个人多种不同的功能，当然同一种情况下，态度可能同时提供多种功能，但往往是最突出的功能所产生的影响效果最大。例如现在很流行喝咖啡，咖啡具备的功能也广为人知，如提神、方便、有益健康等，但消费者对于咖啡的态度却不见得相同。有人喝咖啡，是提神（工具性功能）；有人只喝黑咖啡，因为真正懂咖啡的人都会这样选择（价值显示功能）；有人喝咖啡，是因为有助于降低个人罹患心血管疾病的概率（知识功能）。因此，营销人员如果能确切掌握产品的特性及消费者的态度，便能有效提高该产品的宣传及销售效果。

7.2 态度相关理论与营销策略

前文可以帮助我们了解态度的组成内涵。而态度与行为表现的关系又是如何？本书将在此为大家简单介绍几个重要的理论。

7.2.1 认知失调理论

7.2.1.1 理论内涵

认知失调理论（cognitive dissonance theory）认为，当消费者的某一项信念与标的物有冲突时，会产生一些生理上的不舒服或紧张。常见的如球迷买票进场看比赛的时候，听到球员收贿、打假球的消息时，内心的愤怒就会让他们感觉到失调。认知失调让消费者对先前所持有的信念或行动产生不舒服的感觉，因此会通过改变态度或修正行为，使态度与行为表现一致，减少失调，因此而拒绝买票进场看球、不再支持棒球比赛运动等。

7.2.1.2 营销策略

就认知失调的观点来看，态度改变是行为的后果，购买后产生的冲突与不一致，才是促使消费者改变态度的主要原因。营销人员会针对消费者可能有的认知失调或购买后失调，采取某些行动来降低消费者不舒服的感觉。例如严惩受贿球星、增加球员与球迷互动的平台，或找来知名球星作为球赛质量的保证人，给予强而有力的保证等，以提升消费者对该比赛的正向态度。

7.2.2 自我知觉理论

7.2.2.1 理论内涵

自我知觉理论（self - perception theory）说明人如何根据推论或判断自己行为的成因，借以了解自己的态度。因此，消费者很可能因为喜欢看某种谈话性节目，就认为自己可能具有某政党倾向。自我知觉理论主要适用在消费者对自己的态度并不十分确定时，因而会以自己的行为表现推论自己的态度。

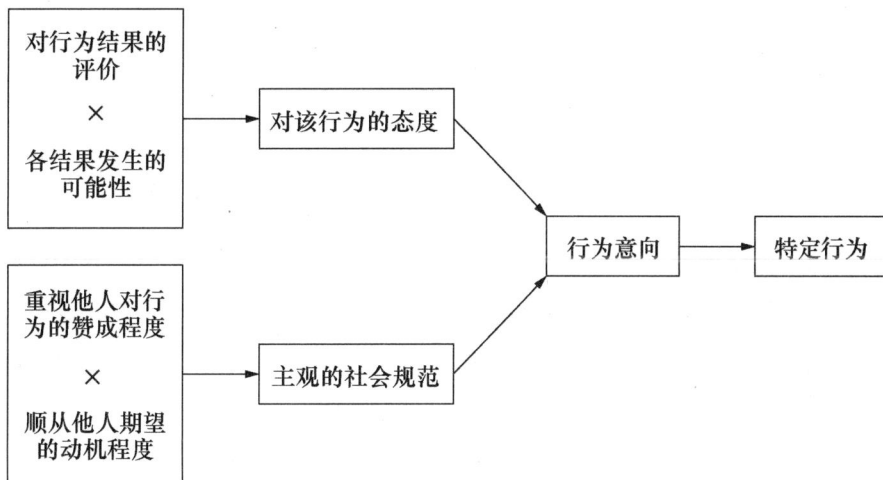

图 7 - 3 理性行为模式

123

7.2.2.2 营销策略

鉴于消费者可能受自我知觉理论的影响，因此营销人员提供产品时，应该尽可能地用各种策略吸引消费者使用，其中对自己态度不甚了解的消费者就会因而觉得自己喜欢此产品。所以，广发试用包看似浪费钱，实则却很有效。

7.2.2.3 计划行为模式

计划行为模式（theory of planned behavior）是由早期理性行为模式所发展而成。同样假设个体都是理性的，会考虑自己行动后的结果，然后详加考虑采取何种行为。其理论要点如下：①个体的特定行为可以从行为意向来预测，而非由态度来预测；②意向可以由三个变项来预测，个人对特定行为的态度、主观规范（个人对其他人所持态度的知觉）及个体对特定行为的控制知觉，如图7-4所示。

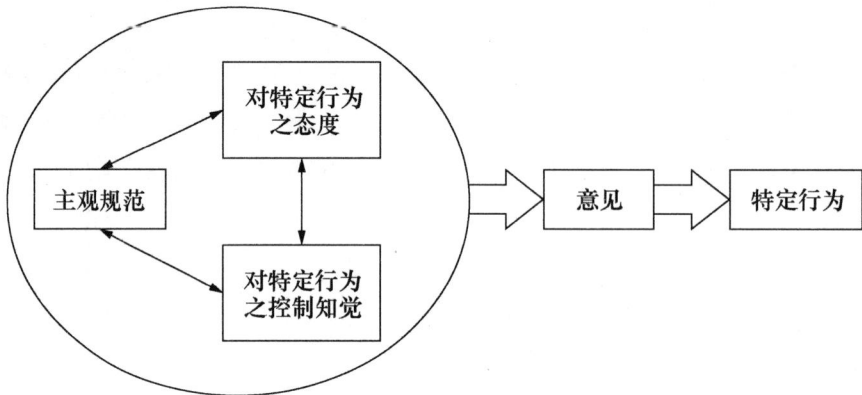

图7-4 计划行为模式

7.2.2.4 营销策略

由于消费者的购买行为可能基于理性的思考，因此，营销者可能需多提供产品的优点，并且帮消费者规划可行的方案，以助于消费者在理性计划时，能增加消费者对自家产品消费的行为意向。

商心达人 ——经营者篇

信任带来新幸福：信义房屋

　　信义房屋创立于1987年，拥有直营店247家，是中国台湾房地产业唯一的上市公司。并于1993年进军中国内地市场，2007年成立"信义不动产株式会社"涉足日本。连续17年获《管理杂志》"消费者心目中理想品牌大调查"房屋中介业第1名（1995～2011年）；连续4年获《天下杂志》"天下企业公民奖"中坚企业第1名（2007～2010年）以及其他大大小小数不尽的奖项。信义房屋是怎么做到的？你可以先看看下面这则广告内容，它是否有打动你呢？

　　一名信义房屋的房仲员进入卖方委托人的办公室，自我介绍还没讲完，杀气腾腾的卖方就说："月底前卖掉！价格要漂亮！房子给我整理好！早晚都要回报！"每讲一句，房仲员就中一枪。尽管如此，房仲员仍面带微笑地说"是！没有问题。"回家后，房仲员的太太看着东破一个洞、西破一个洞的外套问："老公，这个客户很难搞哦？"房仲员笑说："怎么会呢？是很好的客户。"

　　怎么样？心中有什么感觉呢？

　　再来一则广告：

　　一对交往三年的上班族情侣，男生始终没有什么表示。某天，他们一起去参观朋友新家，女生看到新装潢的婴儿房，开心地恭喜朋友。朋友问道："什么时候轮到你啊？"女生先看了男生一眼，再回过头跟朋友说"不知道耶。"这天，男生跟女生说："三年了，我们也该积极点……有婴儿房。"并将手中挂着信义房屋吊牌的钥匙交给女生。

　　"信任，带来新幸福！"

　　对信义房屋来说，卖方与买方都是客户。第一则广告的诉求对象为卖方，强调不论卖方有何要求，信义房屋都会尽力满足。况且，"要求"象征着"期待"与"信任"，表示卖方相信信义房屋必定能达成他们的要求。第二则广告的诉求对象则为买方，以你我熟悉的故事情节为背景，巧妙地与信义房屋相结合，让观看广告的消费者心有同感。辅以广告最后那句

"信任，带来新幸福"，精准地传递了信义房屋董事长周俊吉"诚信立业，先义后利"的经营信念。无怪乎信义房屋能屡屡获奖，深得消费者的青睐。

资料来源：陈芳毓：《信义房屋董事长周俊吉的"信任学"3 堂课》，《经理人月刊》，2010 年第 66 期，第 106～111 页。

7.2.3 平衡理论

7.2.3.1 平衡理论的意义

平衡理论（balance theory）由海德（Heider，1958）所创。他认为人的认知系统中的态度、信念与情感之间，会有一股趋于平衡的压力。如果发生失衡的情形，将会有不舒服的感觉，因此必须借由改变现存的认知因素，或加入一种新的认知等方法，让不平衡的状态恢复到平衡。平衡理论通常是以 P、O、X 三部分的态度，及其所产生的三角关系结构来说明彼此之间的平衡与失衡的关系。

（1）P、O、X 代表的意义。

P：代表观察者及他的知觉。

O：代表一个态度对象（人、事、物）。

X：代表另一个态度对象（人、事、物）。

在消费者心理学中，P 通常为消费者，O 通常为产品代言人，X 通常为产品。

（2）P、O、X 存在的关系。如图 7-5 所示，P、O、X 三者关系通常包括两类：情感联结（sentiment connection），指消费者 P 对两个态度对象（O 与 X）的喜欢与不喜欢的感觉；单位链接（unit connection），指消费者 P 对两个态度对象 O 及 X 怎么联结在一起的看法。

（3）P、O、X 平衡状态与不平衡状态。在平衡理论中，P、O、X 三者两两之间的态度均有正或负，若是三者之间正负符号相乘积为正，则表示彼此关系为平衡状态；若乘积为负，则处于不平衡状态。当消费者处于不平衡状态时，会产生紧张不安的现象，消费者便会调解三者的关系以恢复平衡状态。

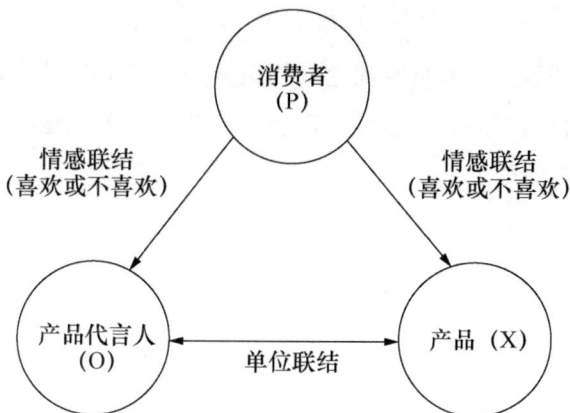

图 7-5   平衡理论

7.2.3.2   平衡理论在营销上的应用

营销者常寻求消费者喜欢的公众人物来代言产品，即是应用平衡理论，希望消费者为了维持平衡，也会喜欢代言人喜欢的产品。一般而言，消费者对代言人的喜爱情感能否转移至代言人所推荐的产品，与代言人本身的可信度与吸引力有关，所以充当产品代言人的公众人物必须要有良好的公众形象，若能在公众场合使用产品，更能增加消费者的信心。

7.2.4   反抗理论

7.2.4.1   理论内涵

反抗理论（reactance theory）指当个体受到外在压力的影响，被迫放弃自由选择权时，内心会产生一股反抗的力量，称为心理反抗（psychological reactance）。因此，当个体在压力下被迫做一特定选择时，即使此选择是他本来喜好的，个体也会放弃，而改选另一对象。同时，当个体受到威胁或压迫，而无法如愿选择所喜爱的对象时，那么此对象对个体的吸引力将更为增强。

7.2.4.2   营销策略

（1）避免让消费者丧失自由感。卖场需营造自由的气氛，服务人员只在适当的时候提供协助或建言。

（2）使消费者感觉自由权即将丧失。例如限时、限量等方式，造成抢购风潮，引发消费者产生"不买以后买不到"的想要欲望，借购买来维持

127

心理自由。

从消费者态度与行为重要理论的相关介绍，也能帮助读者更进一步了解消费者外显行为背后的可能影响机制，而非只是单纯地将行为视为单一成因作用而得的结果。

7.3 态度的形成与改变

7.3.1 态度形成

7.3.1.1 定义

态度形成（attitude formation）是指针对特定标的物，从没有任何态度到拥有某些态度的过程，因此，态度的形成可视为是一个学习的过程。

7.3.1.2 影响态度形成的主要因素

（1）直接经验。消费者对产品或服务的直接或评估经验是形成态度的最基本方法。因此，营销人员会努力用促销方式（折价券、免费试用等），刺激消费者使用产品，目的是鼓励消费者试用，以获取消费和评估的经验，若有好印象，极有可能产生购买行为。

（2）朋友、家庭成员。家庭不仅从小塑造了我们许多的基本价值观，也灌输多方面的信念，这些信念会影响我们的态度形成。此外，随着年龄的增长，朋友也会影响我们的消费态度。例如周围朋友都喜欢某一品牌的衣服，连带的也会影响自己对于该品牌的爱好程度。

（3）大众传播媒体。消费者平时能够接触各式不同的大众传播媒体，所以很容易接触到新的产品、理念、意见或广告等，这些成为态度形成的因素。现今年轻人凡事先上网查一查，就可见网络这个新兴媒体的重要影响了。

（4）人格因素。人格在态度形成中也扮演着重要的角色，例如对高认知需求者，如果广告上的信息越丰富，越有可能形成正向的态度。但对顺从个性强的消费者，网络上的"口碑"才是态度形成的关键因素。

7.3.2 态度改变

7.3.2.1 定义

态度改变指由原本接受某一种态度，转而接受另一种可能与之相排斥的态度。它同样也是习得而来的，也受到个人经验以及各种个人或非个人所提供的信息影响，消费者自己的人格特质也会影响态度的易变性和改变速度。

7.3.2.2 态度改变策略

改变消费者态度，对营销人员而言，是相当重要的。在拟定行销策略时，总是将市场领导者视为最大敌手，希望能够改变消费者对市场领导者的态度，成功地将消费者拉过来。下面介绍四种策略：

（1）功能取向。有时想要改变消费者对某产品或服务的态度，可借由凸显某方面的需求来达成，这样改变动机的方法称为功能取向（function approach）。依据功能取向可分为四种：

①效用功能（utilitarian function）。当该产品确实有效，对我们有帮助，那么我们当然会对此产品产生好感。例如，用"使用前"、"使用后"的对照来凸显某项美白产品的"美白"功能。

②自我防卫功能（ego - defensive function）。当产品宣称能够确保消费者的自我概念（安全感、自信心等），将会增强与消费者的关联性，并形成正向的品牌态度。例如，"男人，洗把脸吧！"强调容光焕发，自信倍增，就能在职场无往不利。

③价值表达功能（value - expressive function）。态度表达了消费者的价值观及生活形态。例如能了解目标消费者的态度，营销人员便能够预期消费者所拥有的价值观、生活形态或观点，便能够直接在营销活动中反映这些特征，如曾有销售员借由蓝白拖鞋传达一种爱国意识，而刺激消费者抢购。

④知识功能（knowledge function）。人们总是希望能知道或了解生活周围所接触的各种人事物。所以有很多产品或品牌定位是以满足消费者"知"的渴望，借此强调自己比竞争者具有更独特的优势，以改善消费者的看法。例如，3G 手机提供越来越多加值功能，如阅读电子书等便是此等营销手段。

（2）将产品与特别群体、事件或原因进行联结。营销人员可以借由与特别群体、事件或原因进行联结而改变消费者的态度。例如英国反基因改造运动便利用消费者对于疯牛症的惧怕，而造成消费者对于基因改造食品的抵制，进而转成对有机食品的支持。

（3）解决两个冲突的态度。态度改变策略有时可以通过两个冲突的态度来改变；A喜欢手机有照相功能（态度一），但是却认为在昏暗之处无法照相，不值得去买照相手机（态度二）。但是当他知道某厂商推出的照相手机附有闪光灯时，A便会改变心意，解决了心中的两种冲突态度。

（4）改变多属性态度模式的组成成分。依据多属性态度模式（multi-attribute attitude models）的观点，态度是由消费者对特定标的物（产品、服务等）的属性或信念所形成的知觉与评价所组成。因此，态度改变的可行途径有：

①改变属性相对评价。如果可以依据属性特质，将某一产品类别予以区分，以吸引不同区隔的消费者"跨区尝试"（cross over），借此说服偏好某一项产品的消费者，对另一种产品也形成偏好。例如餐厅推出喜欢喝红酒的人，也一定会喜欢套餐组合。

②改变品牌信念。改变消费者对品牌的信念或知觉，可借由广告提醒消费者产品的重要属性或较佳的属性。例如朗朗上口的经典广告："大同大同品质好"就诉求台湾货良品的属性。

③增添属性。主要是提醒之前被忽略的属性，或是在既有的属性上加以改良，及进行技术创新。例如从没有照相功能的手机，到有照相功能的手机等。

④改变品牌的整体评价。直接改变消费者对品牌的整体评价，而非只是增进或改变单一属性的观感。例如，过去对于韩国三星的评价都停留在便宜的印象，但韩国三星现在除了借由提升产品的功能之外，还强调产品的设计感，进而提升消费者对于韩国三星的评价与购买率。

⑤改变消费者对竞争品牌的信念。是指影响消费者对竞争品牌或竞争产品类别的属性信念。例如，苹果计算机特别强调自身与其他品牌的差别，乃在于其独家设计的操作系统，而非一般常用的Windows计算机操作系统，因为该操作系统不容易中毒，也具备使用的特殊性。

⑥推敲可能模式。推敲可能模式提出两种说服途径（中央途径、周边途径），若能针对消费者本身的状况，选择适合的说服途径，将有助于消费者的态度改变。中央途径（central route）指的是销售员利用消费者所关心的主要焦点，说服消费者购买该商品；反之，周边途径（peripheral route）则是指与消费者较不相关的信息。例如，消费者在犹豫是否要购买整套的美容护肤品来犒赏自己时，销售员可以采取中央途径，强调美容护肤对于消费者的正面效果；也可以采取周边途径，例如强调某些名人也是该美容护肤课程的受用者等，借以提升消费者的消费意愿。

商心达人 ——消费者篇

你对说服免疫吗

除了上述六种态度改变的策略之外，日常生活中还有其他几种常见的成功营销技巧。比如：①逢迎，是先让消费者对销售员产生好感，然后再更进一步地提出要求；②互惠，互惠的策略是先给别人好处，再要求别人回报；③得寸进尺，先提出小要求，当此小要求被接受时，再另外提出一个大要求；④脸在门上术，先提出大要求，被拒绝后，再提出小要求；⑤脚在嘴里术，销售员先与对方建立某种类型的关系，以提升对方顺从的可能性；⑥不只如此术，在对方尚未决定是否要同意要求之前，提供额外的利益，以提升对方顺从、改变态度的可能性；⑦诱惑术，先提出一个具有吸引力的要求，当对方爽快答应后，再宣称这种具有吸引力要求已不复见，并提出另一个较不具有吸引力的要求；⑧物以稀为贵术，告知对方物品稀有，得来不易，以提升对方顺从的可能性；⑨时间有限术，告知对方优惠时间的期限，之后便没有优惠了，常见的就是封馆大甩卖或是结束营业大甩卖的例子。

心理学家马盖儿（William McGuire）好奇人们是否可能如同接种病毒疫苗一般，也可接种对抗说服的疫苗。免疫理论主张消费者持有一些未经挑战的信念，一旦遭到他人攻击便容易动摇。好比人长期生活在无菌室环境下，一旦暴露在自然环境中，就容易受病菌感染。也就是说，只接触正面信息的消费者，后来接触反面信息时较易弃守立场。但曾接触反面信息

131

的消费者，后来接触反面信息时却较易坚守原有的立场。因此，双面信息就像是预防针，先让消费者有心理准备。因为早已接触过反面信息，故后来接触到不同的反面信息时，会觉得这些反面信息不值得一提。此外，预先接触过反面信息会使个人心生警觉，进而搜寻能够支持既有信念的额外理由或证据，反而加强了原有的立场。同时，事情也可以更简单些。轻微地攻击消费者的信念并非是唯一可刺激他们导引出相反意见以对抗说服的方式。简单的预警（forewarning）也非常有效，可让消费者知道将会接收到自己不赞同的沟通信息。而且即使是在接收沟通信息前两分钟所发出的警告，也足以使人产生抵抗力。事实上，研究结果显示，受到预警的受试者确实会利用这段时间建构出相反的论点，进而能坚守原有的信念，不被说服。

不同来源或面向信息的融合会影响消费者的个人态度与行为，行销人员深知须提防消费者被竞争对手说服而变心。他们会判断消费者属性（如高涉入程度或低涉入程度），选择最适当的信息结构进行沟通。下次逛街时，不妨注意销售人员采取何种信息结构向你推销，而他的说法你是否能接受。

课堂活动

推销的艺术

一、目的

(1) 认清种种推销活动的真相及惯用的手法。

(2) 提高个人抗拒推销压力和说服性沟通的能力。

二、说明

(1) 人数：不限，6~8人一组。

(2) 时间：30~40分钟。

三、程序

(1) 老师先说明说服的本质与历程，并指出我们随时随地都可能成为被说服或被推销的对象，举凡产品广告、公益宣传、政见发表乃至日常的人际互动，都潜藏着各式各样的推销与说服。

（2）请各组学生以自己看过、听过的广告、宣传、政见发表、选举造势活动为例，或以自己遭遇过的人际互动经验为例，找出其中所用到的推销手段或说服策略，记录在白纸上。

（3）不断重复前一步骤，直到找不到新的推销手段或说服策略为止。

（4）老师请各组将所找到的推销手段或说服策略逐一登录在黑板上，并引导大家讨论：

①哪些手段或策略是最常见的？

②哪些手段或策略是最有效的？为什么？

③如果你想说服别人，如何提高说服的效力？

④如果你不想被洗脑，如何抗拒说服的压力？

习　题

1. 态度的组成包含哪三种成分？并试举例说明。

2. 态度的功能有哪些？请简要说明。

3. 请列举三种态度改变的策略。

4. 请择一说明"理性行为模式"与"计划行为模式"的理论内涵及其于营销上的应用。

8 消费者决策历程与商业行为

商心开讲

随着受教育程度与社会经济的发展，现今许多人都觉得自己是"理性的消费者"。但请问大家：你们每一次的购物行动都是经过理性计算与思考而产生的吗？再者，购买每一件商品前都会耗费相同时间的搜集信息、比较与思考？举例来说，你们购买卫生纸、牙刷、沐浴乳等民生必需品时所考虑的问题与买房、买车时的考虑问题都一样吗？再者，随着网络科技的日益进步，买东西不一定要出门，网络购物脱离过去上街购物"To see is to believe"眼见为凭的行为模式，取而代之的是，只要鼠标点几下，便能享受轻松下单、送件到家的消费服务。但关于实体购物与虚拟购物孰优孰劣的争论从未停过。虚拟购物的爱好者认为，网络购物可以让消费者一次拥有较多的消费信息与选择，同时也可以帮助消费者节省消费的时间与金额。反之，实体购物的支持者则认为网络购物到处蕴含了不确定性与风险，看不到、摸不到商品的实体，何以确定商品就是消费者所要的东西；且没有亲手交货，怎敢给钱？特别是，随着层出不穷的网络诈骗事件，网络购物的安全性也的确一再受到质疑与挑战。但对消费者而言，实体购物与虚拟购物究竟有何不同？消

134

费者在网络商店与实体店家购买的商品是否有所不同？如有不同，那么他们的抉择历程如何？本章借由对消费者决策历程的讨论，试图从中了解当消费者受到外部环境的信息刺激时，消费者如何就其所接受的信息做出整理、思考与反应，进而导致最终的消费行为。

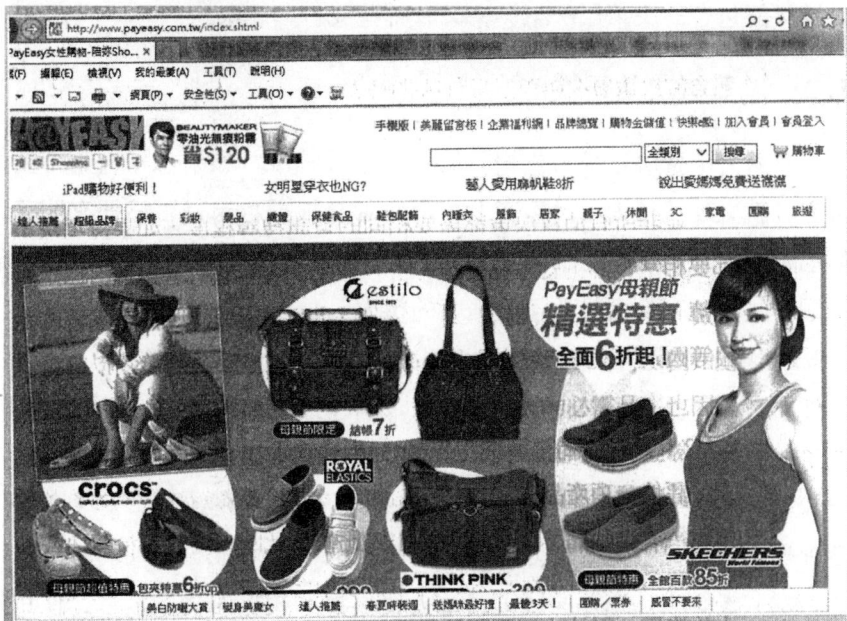

跳脱过去眼见为凭的形式，取而代之的是网络购物（图片来源：**www. payeasy. com. tw Pay Easy**）

8.1 决策的定义与层次

8.1.1 定义

消费者决策（consumer decision making）是指个人谨慎地评估产品属性，从两个或多个方案中选择最能解决消费需求的方案的历程。例如，购买卫生纸等民生必需品时，如果没有时间的紧迫性，可直接参与网络卫生纸团购的活动，一是可以省下消费时间；二是较容易以低于市场价格的金额成交。但在购买计算机等价格较高的商品时，为了确保商品质量、降低网络诈骗的风险，消费者容易选择实体店家进行消费。通过这些例子，我们可以发现不同属性的商品，如生活必需品（卫生纸）与贵重商品（计算机）会有不同的评估标准与决策历程。当消费者面对外界多元的商品信息时，其可能包含的决策层次与类型又有哪些呢？

8.1.2　消费者决策层次

并非所有消费决策都需要相同的信息搜寻程度，如果每项决策都要相当费心，就太耗费精力了。事实上，消费者会根据自己是否已拥有明确的评估准则、对各品牌信息的掌握程度及竞争品牌的数目等因素，区分待解决问题的复杂性，从而投注不同程度的精力。

8.1.2.1　复杂性问题解决（extensive problem solving）

评估一项产品类别或个别品牌时，如果消费者没有熟悉的评估标准，或竞争品牌太多而不知如何比较，此时，消费者会需要较多的信息进行品牌比较。例如，单反相机的市场正吹起一股轻薄短小的旋风，对于正要开始学习摄影，但又不知该如何挑选合适相机的消费者而言，他们就会从周围的亲友、老师或是专业的摄影网站去搜集关于相机的诸多信息、使用心得与评价，进一步帮助自己了解不同品牌的单反相机的种类、特色与价格差异。又或者是新手父母对于新生儿的相关用品或是医院的选择都不甚了解，所以需仰赖周围他人的信息，或是自己上网搜集信息，才能对新手父母该注意的事项与问题有较全面性的了解。

8.1.2.2　有限性问题解决（limited problem solving）

当消费者已拥有评估产品或品牌的基本准则，但尚未对任何品牌形成明显的偏好时，此时消费者仍须搜集一些资料，以进行细微的差异比较。例如冬天一到，大衣外套成为消费者争相购买的物品，但究竟是长版或短版、是棉质或是风衣材质好呢？且众多品牌、各有特色的设计中，韩式、日式、欧美式或中式，哪一种设计风格较适合自己呢？这些都是消费者在购买大衣外套之前，可就其所搜集的信息，再多做比较与评估的地方。

8.1.2.3　例行性反应行为（routinized response behavior）

当消费者对某类产品和品牌已经建立清楚的评估准则时，做选择时就不太需要多搜集数据，仅需就所知进行判断即可。例如随着气候的异常，空调已成为大部分家庭在夏天的必需品。也因为对空调的使用已成习惯，消费者很容易依据其过往的使用经验及其对品牌的偏好程度来选择，如以省钱、省电的机种及知名品牌作为消费的首要考虑，日立、声宝、东元等都是知名且常见的畅销品牌。

8.2 消费者决策类型

爱赛尔（Assael，1998）依据消费者的涉入程度与竞争品牌间的差异程度两个指标，将消费者的决策类型区分为以下四种，如图 8－1 所示。

竞争品牌间的差异程度 ＼ 消费者涉入程度	高	低
大	复杂型决策	有限型决策
小	品牌忠诚型决策	迟钝型决策

图 8－1　爱赛尔的消费决策类型

图 8－1 中，所谓消费者涉入程度，指的是消费者对于某一事物或行为的关切程度。涉入程度高，指的是消费者花在搜集、评估信息与做决策的时间较长；反之，涉入程度低指的是消费者在购买前所花费的精力较少。竞争品牌间的差异程度，是不同品牌在相同产品上的功能差异程度，例如，同样是上网本，HP 诉求机体轻薄、待机时间长；华硕则是讲求麻雀虽小，五脏俱全。因此，依循“消费者涉入程度”与“竞争品牌间差异程度”两指标，可界定出复杂型决策、有限型决策、品牌忠诚型决策与迟钝型决策四种，下面将一一为大家深入介绍。

8.2.1 复杂型决策

消费者对于该商品的涉入程度很高，且该商品与其他竞争品牌的差异程度大，因此该决策类型具备较高的风险。例如，购买房子、股票、基金等高风险的商品。

8.2.2 有限型决策

尽管消费者对于该商品的涉入程度低，但该商品与其他竞争品牌的差异程度大。通常消费者对于该种类型产品的忠诚度较低，对于新品牌的接受度较高，而这种类型产品常是生活中的必需品，例如，铅笔、洗衣粉、牙刷、碗筷等产品。

8.2.3 品牌忠诚型决策

虽然消费者对于该商品的涉入程度很高，但该商品与其他竞争品牌的差异程度却很小。对于该类型产品，消费者所必须承担的风险来自品牌交换与适应的不可预测性，消费者为了避免适应新品牌的风险，多会依循过往使用的经验，选择相同的品牌。换言之，新品牌不容易打入该产品类型的市场。例如皮肤容易过敏者，因为担心更换新的保养品会出现皮肤过敏的反应，而倾向选择过往使用经验良好的产品。

8.2.4 迟钝型决策

迟钝型决策指消费者对于该商品的涉入程度低，且该商品与其他竞争品牌的差异程度也较小。因为该产品与各品牌间的差异程度低，相对地也降低了民众对该类型产品品牌的忠诚度及偏好。如计算机零件、电池、卫生纸等用品。

▶▶ 8.3 消费决策历程模式

8.3.1 投入到外部信息刺激

在消费者决策模式当中，投入是指各项外在影响的来源，这些影响左右了消费者对产品抱持的价值观、态度和行为。其中，最主要的成分包括厂商所采取的营销组合活动及社会文化影响。

8.3.1.1 营销组合活动

营销组合活动（marketing mix activities）的目的是希望通过一连串设计好的活动，借以接触、告知或说服消费者购买和使用其产品。新车上市的时候，厂商便会推出新车试乘活动，让消费者借由试乘的体验，进一步了解新车的相关信息；然后让销售员也可借着活动与消费者有实际接触的机会；后续，公司会再推出旧车换新车、24 期零利率购车活动、购车送安心（赠送 2 年汽车保险）等一连串的活动，以吸引顾客的消费意愿。

商心达人——经营者篇

逗阵来合购

随着电子商务的迅速发展以及消费者对于网络购物的接受度的提高，网络营销的市场日趋扩大。现今不论是日常生活用品、电子产品或金融商品都可在网络上找到其虚拟的购物平台。网络购物平台提供消费者更多的消费信息，节省消费者外出购物的时间，也形成不同的消费情境。号召三五好友一起买东西，换取低价的消费形式其来已久。各企业的工会也是以大量议价的方式，提供各式福利给同人（例如看电影优惠、购物消费打折）。不过，这股合购风潮随着网络普及、经济不景气有越发兴盛的趋势，陆续出现各式的合购网，如"爱合购"（ihergo）是专门找人合购便宜商品的网络平台。BUY_ TOGETHER 则是宠物迷们购买宠物用品的合购平台，提供大家想要合购宠物用品的园地。17Life 则提供各式吃、喝、玩、乐的合购团。以"爱合购"平台为例，该平台本身不贩卖任何商品，使用者可分为商店、主购人及参与团购的网友。在商店的部分，爱合购可供商店免费在网络开店。对无力开设实体店面，或不想让其他网络平台赚取费用的店家来说，爱合购无疑是最好的选择。"主购人"是合购的发起人，他/她可针对某商品在爱合购召集网友一起合购，达到数量之后直接向商店订购。主购人负责收钱并订下面交地点，将货品送到团员的手上。网友可于爱合购网站上浏览看看哪一团离自己最近而参与该团。上述的过程中，爱合购均无经手，仅提供平台让商店与网友交易。

就是爱合购（图片来源：www.ihergo.com/爱合购）

合购网络平台的成功不是没有原因的，它可以说是多方互利的消费形式。就消费者来说，不论是主购人还是团员，都以低于市价购得商品。此外，对于小型商店来说，在合购平台开店省了许多成本。号召购买的主购人等于是帮忙宣传，也省了不少广告费用。同时，现在也有许多大企业把合购当作测试新产品市场、搜集意见的管道。例如，欲开发调理包的展圆国际公司（其下有麻布茶房、蛋蛋屋餐厅），便通过主购人邀请网友试吃，即所谓的"试吃团"。主购人再汇集众人的意见，回馈给厂商。依据以往的经验，合购商品很有机会成为网络上热烈讨论的话题。如此强大的宣传力度，大企业当然也会善加利用。例如，近期推出微波炸酱面的桂冠，同时在实体市场与爱合购上贩卖。一周下来，网络平台共卖了1000份，实体市场单店一天顶多卖100份。而且，曾在合购平台创下超高人气的新产品，消费者到实体店面购物时，购买的概率也会比较高。最后，合购还有一项利器，便是帮助企业开发新客源。例如，走健康杂粮路线的马克先生面包店，便通过爱合购，吸引许多年轻顾客群消费。

不过，此形态的网络营销仍有风险。最大的考虑便是"难以掌握顾客全貌"。合购的交易窗口只有主购一人，店家难理了解到底是哪些人在买。即使订单高达上万笔，实际掌握的消费者名单却仅有主购人的联络数据，也就无法进行客群分析或后续客户关系的维系。尽管仍有前述问题，但对于非金字塔顶端、购买能力有限普通消费者来说，合购形式仍是消费者的好选择。这也说明了为何越来越多的知名企业纷纷投入合购市场了。

资料来源：1. 林静雯：《好用又免费，合购网人气夯，年成交金额破六亿》，《理财周刊》，2010 年第 491 期，取自：http：//mag. chinatimes. com/mag - cnt. aspx? artid = 2878&perid = 1371。

2. 卢昭燕：《团购雄兵，免费当企业活广告》，《天下杂志》，2009 年第 423 期，第 6265 页。

8.3.1.2 社会文化投入（sociocultural influence）

同事的看法、报纸杂志、家庭成员、次文化或社会主流文化等因素，都可能影响消费者评估与选择的决策。消费者会主动将某些社会文化的影响内化为个人的准则，以主宰消费的态度与行为。例如，每逢中国台湾与韩国比赛时，观众就会出现吃韩国泡菜行为，作为中国台湾队成功攻克韩国队的象征。又如社会普遍认为老师们的穿着应该保持端庄、素雅的形象，进而导致老师们在挑选衣服的时候，就会不自觉地以端庄、素雅、避免太过暴露作为自己挑衣服的准则。

8.3.2 处理到购买前阶段

消费者决策的第二个历程是针对已投入的信息进行处理，处理的方法如下：

8.3.2.1 需求确认

需求确认（need recognition）指消费者面对新产品信息，可能会先审视自己的需求状态，确定此需求是否必要或是可以忽略。例如 iPhone、HTC 等触控式的手机正大行其道，但其提供的强大功能，是否对自己而言都是不可或缺或是必要的需求呢？另外，第 4 章我们讨论过对于消费需求的区别，需求可分为先天（内在）需求与后天（外在）需求，如对于饥肠辘辘的民众而言，吃得饱（内在）会比吃得好（外在）更重要。此外，小饭店上菜的速度会比知名餐厅来得快，且又少了用餐礼仪的束缚，相形之下，小饭店较能快速地满足消费者对吃的需求。

此外，需求与欲求是不一样的。本书第1章即揭示：需求是人类的基本要求，是不能被创造的，包括先天需求及后天需求等。欲求是满足需求的一种方式，但不是唯一方式。欲求深受社会文化与生活环境的影响，营销者常借由创造不同的欲求，让消费者以欲求来满足基本需求。相信不少人逛街时都有过"小天使"与"小恶魔"交战的经验，假设今天打算要添购一件外套，在看过许多衣服之后，心中的小恶魔会说："这家品牌的裤子难得打折耶！好想要！"（欲求）但此时小天使也会跳出来说："你需要的是一件外套而不是一条裤子！"（需求）那么，我们购买商品时，应该区分到底是为了满足"需求"还是"欲求"的目标呢？

8.3.2.2　购前搜寻

当消费者察觉到对某种产品有所需求时，会展开购前搜寻的动作，可能搜寻过往的经验，也可能以更繁复的搜寻动作向外发掘信息。例如搜集单反相机、大衣外套、上网本等相关的产品信息，即称为购前搜寻（pre-purchase search）。相较于购前搜寻是针对特定目标进行信息的搜集，经常性搜寻（ongoing search）则是平常例行性、无特定目标的信息搜集行为，例如有网络购物习惯的人，可能三不五时就会到几个常用的购物网站浏览相关的消费信息，如 Yahoo! 奇摩、Pchome 及 PayEasy 等购物网站等，而经常性搜寻相对地也意味着消费者不一定会有购买需求的存在与后续购买行为的发生。消费者在搜集信息的时候，也可能面临搜集不到信息的窘境。当信息贫乏或是完全没有的时候，就会出现漏失信息（missing information）的现象。有些因素可能会影响消费者对于信息的搜集：其一，消费者的知识与使用经验，例如家庭主妇对于家庭生活用品的了解，可能较一般消费者高。其二，个人的期望、动机、需求、价值观及文化等都会影响消费者投入于信息搜集的程度。例如哈日族、哈韩族等，对于日本或韩国商品信息的留意程度会较一般消费者多。其三，个人对于该商品需求的急迫性，也会影响消费者搜集信息的时间，如果消费者必须在明天就拿到该项商品，相对而言，消费者就没有太多时间可以搜集信息与考虑。

涉入也是影响消费者搜集商品信息的重要因素。涉入，是指消费者对产品保持警觉和兴趣的状态。而涉入程度的高低取决于消费者个人与该产品攸关性。换言之，对高度涉入的消费者而言，其考虑的因素较多，可接受的品牌相对而言也较少。反之，低涉入的消费者则较易接受众多的购买信息，且对多元品牌的接受度也会较高。而涉入的分类方式有很多，例如，就信息搜集来看，可分为购买涉入与持续涉入两种。购买涉入（purchase situation involvement）表示消费者对于购买决策的重视程度。如对消费者而言，购买一台近百万元的汽车可能会比一台两万元的脚踏车更为谨慎。因此，在购买汽车之前，可能会多方地搜集数据，深入比较各品牌车款的优缺点及相关优惠措施，以期做出最正确的决定。部分消费者可能在交车之后，就不再细究汽车保养或是相关优惠措施的内容。反之，有些消费者即便在交车之后，仍会持续关注车厂是否有依约履行或提供该有的服务等，甚或是将对产品信息的注意力转移至产品的使用上，持续留意汽车的性能与使用状况等，这又称为持续涉入（enduring involvement）。

8.3.2.3 方案评估

搜寻完信息后，消费者会进行方案评估（evaluation of alternative），评估时参考的信息分为列入考虑的品牌名单（唤起集合）及评估准则两种。

（1）唤起集合（evoked set）。就特别产品类别来说，消费者列入考虑的所有品牌项目是消费者所熟悉、记得、可接受的品牌。例如，在考虑要买智能型手机的时候，就会以常见、耳熟能详的品牌作为优先考虑，如HTC、iPhone、SAMSUNG 等品牌为主。反之，被消费者筛选掉，不予考虑的品牌，则称为摒弃集合（inept set），如以价格与需求为考虑，仅需要能通话，且价格低于新台币 3000 元以下的手机时，则 iPhone、HTC 等触控式多功能且价格较高的手机品牌就不会成为消费者考虑的品牌，因此，iPhone、HTC 等品牌也就落入摒弃的集合区中。

（2）评估准则。消费者评估唤起集合各品牌时，通常会以各品牌的重要属性作为准则。若在产品的众多属性间，某一个属性的心理评价较弱，可能会用另一个心理评价较强的属性来替代或弥补，此为补偿性（compensatory）决策法则。例如，在买机票的时候，A 航空公司虽然提供的座位及其他服务设备都较 B 航空公司差，但 A 航空公司的票价却较为低廉，消费者可能就会因为对价格的考虑而选择 A 航空公司。反之，非补偿性（non‑compensatory）决策法则是不容许商品属性间的相互替代。例如，受健康无价原则的影响，某些消费者倾向选择有机栽培的食物，虽然价格普遍较高，但拒绝价格低廉的基因改造食品。

此外，消费者在进行品牌决策时，也有可能直接采用认知捷思法（heuristics）以降低决策的复杂性。所谓捷思法是利用个人的经验，累积出解决问题的方法，但也因为是来自个人主观经验的关系，所以捷思法不一定能提供精确的方法或步骤。常见的捷思法有以下三种：

（1）代表性捷思法（representatives heuristic）。人们通常利用"相似性"原则来判断 A 与 B 两者的因果关系。如果要你们判断进门看车的两位客人谁比较有可能进行消费：第一位客人穿着 Armani 的西装及手工定做的鳄鱼皮限量皮鞋，拿的是 Gucci 的手提包；第二位客人则是穿着普通常见的排汗衫、短裤，叼着长寿香烟，踩着蓝白拖鞋走进来。大部分的人都会认为第一位客人比较有可能会买车，而通常这是来自名牌判断的偏失，容易认为身穿名牌的人比较有钱，应该有买车的能力。但谁说穿着排汗衫、短裤、穿蓝白拖鞋、抽长寿烟的人就一定买不起车？说不定他就是某位一夕致富的彩券头奖得主。

（2）便利性捷思法（availability heuristic）。人们倾向用回忆的难易度作为判断事情发生的原则。例如每年死于酒后驾车的与死于飞机失事的人，何者较多？通常因为飞机失事的信息较为人所知，且较令人感到震撼，所以较令人印象深刻，受访者也因此较容易认为死于飞机失事的人较多，但实质上是死于酒后驾车的人较多。

（3）定锚式捷思法（anchor – adjustment heuristic）。人们容易因为个人的偏见或刻板印象，而对事情做立即且主观的判断。例如路边摊的东西一定比较不干净、学琴的小孩一定不会变坏等。

8.3.3 输出到购买时及购买后阶段

在消费者决策模式当中，输出指的是两项决策后的行动：购买行为和购后评估。当消费者完成需求确认、购前搜寻及方案评估之后，便会采取实际的购买行为与商品体验的活动。

8.3.3.1 购买行为

购买行为（purchase behavior）可分为三种类别：

（1）尝试性购买（trial purchase）。消费者首次购买某产品（品牌），可能购买的数量不多，先测试一下产品的效果与自己的接受程度。例如消费者对新推出的蛋糕或零食，起初会先购买少量的产品作为尝鲜之用，待尝鲜、确认味道是否满足自己的喜好之后，便会决定消费者日后的购买行为。

（2）重复性购买（repeat purchase）。消费者发现某一产品比其他品牌更令人满意，便可能会重复购买此产品。例如面对各式品牌的防晒乳，消费者使用了某品牌产品后觉得清爽、不油腻，又适合自己的时候，便会倾向重复购买该产品。其他如对于保养品及化妆品等选择，也常见重复性的购买行为。

（3）长期性购买（long－term commitment purchase）是指消费者对某一产品产生品牌忠诚度的倾向。相较于重复性的购买行为，主要是因为个人使用经验的良好而导致重复购买的行为。长期性的购买行为强调客户的购买动机不再只限于个人的使用经验，主要是受到个人对特定品牌的爱好所致。例如因为对苹果品牌的喜爱，导致消费者在选购 3C 产品时会以 Apple 的产品作为首要考虑。

8.3.3.2　购后评估

购后评估（post－purchase evaluation）可分为三种类别：

（1）认知失调。购后评估指消费者会依实际使用产品后的经验与先前的期望相比较，以决定满意程度。消费者进行购后评估的程度取决于该决策的重要性及使用这项产品所获得的经验。当此产品完全符合期望时，消费者应会再度购买。例如"这家餐厅的东西很好吃，下次再带朋友来吃"。但若此产品表现令人失望或不符合预期时，消费者将会继续寻找更合适的选择，如"这家店的东西难吃死了，以后改吃其他店"。对于消费者在购买行为后所产生的失望或不符合预期的感觉，是因为认知失调所导致。认知失调（cognitive dissonance）是指消费者购买商品后，发现实际商品与个人认知上的落差所导致的感觉。针对认知失调，消费者可以采取合理化或是抱怨的行动来减少认知失调所带来的情绪冲击，例如寻找新信息证明自身购买行为是对的，或是跟他人投诉或抱怨该商品的缺点或自己错误的购买行为等。

（2）归因理论的观点。消费者的归因也会影响其对商品的满意度。因为，消费者借由归因的历程可以帮助自己找出该项商品或服务不良的原因。归因理论常被用来诠释消费者对于购买行为的解读，内、外归因的差异将会影响消费者对于商品的满意程度。例如消费者认为商品不好的原因是因为自己不擅长使用（内归因），也较不容易去责怪厂商（外归因）。反之，如果消费者认为商品不良的原因是因为生产不当的原因所导致，便容易增加消费者对于厂商的愤怒与不满意，如"汉堡肉缩水"、"海砂屋"等。

（3）期望失验模式。除了归因的差异之外，消费者对于产品的期望也会影响他们对于产品价值的判断。根据期望失验模式（expectancy disconfirmation model）（Oliver，1980），顾客在购买产品之前会对产品存有一定的期望，并在购买后将该期望与产品的使用效果进行相互比较。如果购买后的产品效果、质量与期望不一致，将会促使消费者产生失验的情况，进而影响消费者对于该产品的满意程度。因此，当消费者对于产品的实际知觉低于个人期望时，则顾客容易产生不满意的反应。相反地，若消费者的实际知觉高于个人期望时，则顾客容易产生满意的感受。换言之，正向失验（positive disconfirmation）将导致顾客满意，而负向失验（negative disconfirmation）将导致顾客不满意。例如，顾客发现购买的新车，不但省油而且价格便宜，进而对该产品感到非常满意时，这就是一种正向失验的结果，是一种超过自己原先对该商品的预期时的情绪感受。因此，消费者对于产品或服务的满意程度，很有可能是来自于消费者对于厂商所提供的实际产品及服务与个人期望间的落差距离。所以，对营销人员而言，除了了解消费者的需求之外，能掌握消费者对于产品的期望意识相当重要。因为，这将会影响消费者日后对于该产品的消费意愿及行为。

小结以上，从消费决策模式中，我们可以发现消费者的决策历程包含了需求确认、问题评估、信息搜寻、评估原则、评估方案、决定购买及购买后的商品体验等多个过程。但因为消费者可能受到社会媒体、文化、同侪、团体及个体自身经验差异的影响，让每个看似简单的过程，变得复杂许多。因此，在探讨消费者行为议题的时候，千万不能仅就消费者的行为结果，就贸然进行判断与结论。反复推敲消费者行为背后的思考与决策机制，方能掌握消费者真正的消费动机与信念。

商心达人 ——消费者篇

不断在进步的消费者

网络科技的发展，不仅加速电子商品对于日常生活的侵入，也建构有别于实体店面的网络消费平台。但在科技不断提升与消费形态多元化的同时，消费者们慢慢地从被动的信息接收者转变成主动搜集信息的人。消费者除了比以往拥有更多的消费选择之外，也可从网络上搜寻相关产品的信息与介绍，其他消费者的使用心得及商品评论更能帮助我们了解产品的信息介绍及其优劣，让消费者很快地找到符合其需求的产品。

消费者进步了，厂商就跟着头疼了！因为消费者荷包的精打细算、对产品的精挑细选，在多家厂商的竞争激烈下，容易造成了削价竞争的状况。以"出国旅行"为例，出国旅游已经不是那么遥不可及的事，然而当人们逐渐厌倦了在各观光景点中走马看花，不能自主旅游时，旅游业者所提供的包装行程已不再能满足部分旅游者的需求因而自助旅行风潮崛起。

随着全球自助旅行风潮兴起，团体旅游比重下降，旅游业者开始针对自助行游客加强服务，全球最大旅游服务公司 Travelport 旗下的旅游产品供货商 GTA，也从 2008 年起针对全球市场首度推出半自助式套装行程，且一口气推出 1500 种，以应市场需求。自助旅行，除了让消费者有安排个人行程的自由之外，也让消费者可以有消费组合的选择。例如，出国所需的"机票"，随着廉价航空公司的成立，消费者便有了更多的消费选择。以"捷星航空"（Jetsar Airways）为例，是创立于 2003 年，是澳洲航空旗下的一家廉价航空公司，总部设于澳洲墨尔本。不同于澳洲航空的营运方式，捷星航空不提供免费的机上餐点、里程累积、升等优惠等服务，只为了给消费者最低廉的价格。对于许多短程旅行或是自助旅行的消费者而言，低廉的票价比舒适的座椅、免费但不怎么美味的机上餐点更叫人心动。因为，消费者不但可以自行选择带上飞机的餐点，还能将省下的交通费移转至旅程其他花费上。除了廉价机票的选择之外，背包客栈、Booking. com、ABC 全球订房中心、国际青年订房中心等各式订网站，都提供消费者一次搜寻、多种选择的比较信息，让消费者可按饭店星、价格高低、消费者评价等各式指标找到自己理想的饭店。换言之，不论是飞机票或饭店的订购，甚或是后续行程的安排，消费者都可以借由网络信息的搜集，而为自己安排一个最理想的个人旅程。

课堂活动

你怎么做决定

一、目的

(1) 检视个人惯用的决策风格，找出自己是"理性分析型"还是"感性直觉型"的人。

(2) 经由自我检视，进一步省思两种决策风格之于个人的影响。

二、说明

(1) 人数：不限，先自行完成"直觉测验"（如附件），再分组讨论 (4~5 人)。

(2) 时间：测验需 10~15 分钟，讨论与分享为 20~25 分钟。

(3) 材料：附件的"直觉测验"。

三、程序

(1) 发放"直觉测验"，请学生自行填答。

(2) 全班都完成测验后，老师指导大家依"计分标准"计分，完成决策风格的自我诊断。

(3) 将学生分组，尽量让每组中有不同直觉得分的同学，强化组内分享的异质性及趣味性。

(4) 要求每组讨论与分享以下问题：

①你是"理性分析型"还是"感性直觉型"的？

②你在做消费（购物）决策时真的是这样吗？你怎么做决策的？

③你觉得自己的决策风格有效吗？为什么？

④你想过要改变自己的决策风格吗？为什么？是怎样的契机让你想要改变？真的有尝试改变吗？后果如何？

⑤若你是营销人员，针对两种决策风格的消费者，你要如何设计营销才能收到最佳效果呢？

(5) 可邀请 1~2 组向全班报告讨论心得。

四、附件

直觉测验（含计分、解说）

请依你的实际情形回答。(是 = ○；否 = ×)

1.	你能处理同时发生的好几件事情吗？
2.	你能够随机应变吗？
3.	你有强烈的道德感吗？
4.	你看得懂肢体语言吗？
5.	你喜欢推理吗？
6.	你喜欢几何甚于代数吗？
7.	你用听的比用做的学得快吗？
8.	你很难了解你的宠物吗？
9.	你有美好的性生活吗？
10.	你喜欢追求胜利吗？
11.	过去几年，你的兴趣或喜好有重大的改变吗？
12.	你会逗人开心吗？
13.	你擅长记人，甚至记得他们的名字吗？
14.	你有浑然忘我的热情吗？
15.	你喜欢滑雪或爬山吗？
16.	做判断时，你依赖个人经验甚于事实吗？
17.	处理问题时，你比较严肃，而不是用开玩笑的方式面对吗？
18.	你和小孩相处融洽吗？
19.	你常常用手势或表情来表达吗？
20.	你会为没有希望的事情奋斗吗？
21.	你喜欢用新的方法做事情吗？
22.	你能利用每个机会或时间，活得非常彻底吗？
23.	你会竭尽所能保持自我吗？
24.	你喜欢冒险吗？
25.	当你清楚知道接下来会发生什么事情，你会比较快乐吗？
26.	你躺卧时比较能思考吗？
27.	你觉得自己很棒吗？

28.	你会用唱歌、跳舞或玩耍来表达自己吗？
29.	你喜欢学习能够立刻派上用场的东西吗？
30.	你要求很多吗？
31.	你和家人亲密吗？
32.	你对自己的梦感兴趣吗？
33.	你会听从你的直觉吗？
34.	你非常有自信吗？
35.	你情绪起伏很大吗？
36.	诗词艺术很能帮助你体会人生吗？
37.	你常常做白日梦吗？
38.	你常常知道别人对你的感觉吗？
39.	你会被别人的情感诉求所感动吗？
40.	在做决定前，你会停下来听听自己对那件事的感觉吗？
41.	你很难回忆过去所经历的情绪吗？
42.	你喜欢随性而行吗？
43.	你喜欢简单的挑战，而不是复杂的挑战吗？
44.	你能够正确地看出尺寸大小和形状吗？
45.	你的行为是否常常处在社会规范的边缘？
46.	你能很容易地了解自己的情感吗？
47.	你喜欢读分析性的作品甚于小说吗？
48.	你知道如何安慰生病的人吗？
49.	你喜欢用逻辑推理解决问题，甚过用直觉吗？
50.	在你的生命中，是否有人对你特别有影响力？

解答及计分方式

每答对一题，得2分。

1. ○	11. ○	21. ○	31. ○	41. ○
2. ○	12. ○	22. ○	32. ○	42. ○
3. ○	13. ○	23. ○	33. ○	43. ○

4. ○	14. ○	24. ○	34. ○	44. ○
5. ○	15. ○	25. ○	35. ○	45. ○
6. ○	16. ○	26. ○	36. ○	46. ○
7. ×	17. ×	27. ×	37. ×	47. ×
8. ×	18. ×	28. ×	38. ×	48. ×
9. ○	19. ○	29. ○	39. ○	49. ○
10. ○	20. ○	30. ○	40. ○	50. ○

解说

◆你的得分若是 100~90 分：

你有高度直觉，并能用之面对人生，你能享受愉快的生活。

◆你的得分若是 90~70 分：

你的直觉能力在平均之上，在逻辑推理和直觉之间有很好的平衡。

◆你的得分若是 70~50 分：

你并没有将直觉能力运用在生活之中，你要相信直觉，并唤起这种能力。

◆你的得分若是 50~30 分：

你有很好的逻辑推理能力，但唤醒你的直觉，将让你的生活焕然一新。

◆你的得分若是 30~0 分：

你是一个思想家，直觉完全被压抑，你应努力让直觉进入你的决策过程。

习　题

1. 消费者决策共有哪三种不同层次？试举例说明。

2. 请说明 Assael 的消费决策类型。

3. 消费者于决策的投入阶段时，容易受到哪些因素的干扰及影响？

4. 消费者的购买行为可分为哪些？请简述并各举例说明。

9 重要他人对消费者的
影响与商业行为

商心开讲

"到底该不该废除核电厂"已成为近来中国台湾人民关心的重要议题。2013年3月9日，全台湾有近20万人民站出来表达反核决心。事实上，中国台湾反核运动最早可追溯至20世纪80年代，至今已历时30年之久。近年来受到2011年日本"3·11"大地震、福岛核电厂辐射外泄的影响，及许多环保运动人士、各界专业与知名人士的呼吁，"反核"声明慢慢地受到重视，并借由Facebook、BBS等管道凝聚力量，最终迫使政府从坚决盖核电，转为决定以全民公投的方式，让人民自己决定是否废核。"废核"其实只是诸多环境保护运动的一环，从有机农作物、多利用大众交通运输等倡导，不仅提升了人民对于环境保护的知识，也改变了我们的生活习惯，有机饮食的风潮就是一例。常有人说"有机的比较好吃、比较清脆，吃了比较安心"，就是这样的想法与观念让有机饮食在市场上吹起一股健康养生风潮，不论任何食品只要挂上有机饮食的口号，其价格马上比其他相同产品的价格高出许多，而这样的餐厅也常出现高朋满座的画面。不过，有机食品真的可以与健康画上等号？当越来越多人愿意花钱购买有机饮食时，这样的购买行为真的就代表成功买到了健康吗？那么，环保意识的抬头对我们生活消费所带来的影响究竟如何？又是通过何种历程对消费大众产生影响？本章将从消费者社会化的历程中，了解家庭、朋友及社会等各项因素如何形塑个人的消费价值观及消费态度，进而影响消费者的行为表现。

▶▶ 9.1 社会行为的发展

儿童自小就要学习成为受欢迎的社会成员，这种现象称为社会化（socialization）。父母、家人、同伴、学校以及大众传播媒体都是影响儿童社会化的重要因素。个人在社会化的历程中，受到社会及团体的影响如何将是本节介绍的重点。

9.1.1 影响个人社会化的因素

9.1.1.1 家庭的影响

父母在个体早期社会化的过程中，扮演极为重要的角色。假如父母对小孩有充分的爱心、耐心，同时有适当的教养方式，则儿童长大以后的人际关系较佳，善于面对各种困境与挑战，处世圆融，事业容易成功。

父母管教子女的态度，可粗略分为七个类型：①专制权威型；②恩威并济型；③纵容放任型；④过度保护型；⑤拒绝冷漠型；⑥矛盾不一致型；⑦民主型。其中以专制权威、纵容放任、拒绝冷漠等类型，容易养成小孩攻击、退缩及自私等性格。父母对子女若常采取体罚的管教方式，容易培养小孩产生攻击的暴力行为。换言之，父母对子女的态度将会影响子女社会化的历程，以至于对子女日后的价值观、态度与行为都会有深远的影响力。这也包括子女日后的消费价值观、消费态度与行为等。

9.1.1.2 社会的影响

除了家庭会影响个人的社会化历程之外，个体所接触的大众传播媒体对其社会行为的发展也有很大的影响。电影、电视或报纸的内容与情节，皆可能成为消费者模仿与学习的对象，例如近年流行的 Cosplay 同人志活动，就是对漫画人物的模仿。此外，近年来，台湾社会充满暴力、犯罪率增加的原因之一，与大众传播媒体所报道的内容有密切的关联。

9.1.2 社会行为

因为社会化的关系，个体会慢慢了解自己所处的环境，并清楚自己于各种不同环境中所应扮演的角色为何。也因为对社会环境与社会期许的了解，个人行为常因此而受到影响。常见的影响如下：

9.1.2.1 从众行为

所谓从众（conformity）是指个人在社会压力下，弃守己见而与团体成员表现相同的行为。一般人在不确定的情境之下，比较容易表现从众行为，同时容易跟从地位高的人。此外，一般人更容易在自己熟识的团体中，与他人一起表现盲目的从众行为。例如时下正流行的团购行为，很多消费者常是在朋友或团体的号召之下产生消费行为，而非源于消费者个人所需。从众行为可分成以下两类：

（1）信息性从众（informational conformity）。指个人认为他人的行为能够提供有用的信息，以利于做出正确、适当的行为，因而跟从别人的反应。通常当对团体较为信任或对自我判断较无信心时，信息性从众的行为便容易发生。例如"网络评价"会影响其他消费者的消费行为。

（2）规范性从众（normative conformity）指人们为了获得团体支持，被团体所接受，因此会试图遵循团体规范，以免被团体排除在外。例如政党候选人为了获得党内资源的支持，而必须遵从党内的规范。

9.1.2.2 顺从行为

所谓顺从（compliance），是指个人在社会压力之下，为了自身利益或避免受到惩罚，而屈从于他人的行为，也就是口服心不服。在日常生活中，个人常有顺从权威者的行为，例如集会时穿制服。又如，秦朝时赵高在朝臣面前"指鹿为马"，这些大臣没有人敢提出异议。在商业行为上，消费者也可能受到父母要求的影响，故只选择商品 A，而不选择商品 B，这也是顺从的表现。

9.1.2.3 服从行为

所谓服从（obedience），是指拥有权力者以权威命令他人完全顺从，假如有所不从必加以处罚。服从是顺从的特例，可能导致听从却心怀不满。例如，当孩子对盘中的食物已经腻了，吃不下的时候，但又碍于父母的要求，不得不将剩余的食物吃完时，就容易导致儿童对食物有负面的印象，且可能因此造成身体有不舒服的反应。

9.1.3 如何说服消费者

社会化会对个人产生从众、顺从与服从等行为。循此，营销者会利用下列几种说服的技巧，让消费者不由自主地产生消费行为。

9.1.3.1 逢迎

逢迎的策略是要先使消费者对销售员产生好感，然后再更进一步地提出要求。例如在客人试穿衣服的时候，可能借由不断地给予客人称赞，"这件衣服很适合您"，或是"这件裙子跟您的气质很搭"等，并进一步地建议客人可以一次购买整套衣裙。

9.1.3.2 互惠

互惠的策略是先给别人好处，再要求别人回报。例如店家平日提供免费的汽车问诊活动，一旦汽车真的发生故障之后，消费者便很容易返回该店进行消费。

9.1.3.3 多重要求

多重要求（multiple request）指将要求分为不同阶段提出的策略。通常第一次提出的要求只是幌子，第二次提出的要求才是真正的目的。我们在第 7 章已提过这些诱人上钩的伎俩，此处会更进一步说明。

（1）得寸进尺术（the foot – in – the – door technique）。先提出小要求，当此小要求被接受时，再另外提出一个大要求。例如剪头发的时候，美发师可能会进一步地询问您要不要洗发，然后再进一步建议客人可以一并烫发或染发。

（2）脸在门上术（the door – in – the – face technique）。先提出大要求，被拒绝后，再提出小要求。例如询问客人是否要购买整箱的饮料，当个人露出迟疑的表情或是拒绝之后，再进一步建议客人不一定一次购买整箱的饮料，而可单买几瓶饮料就好。或是一次不需要订购整年的杂志，而可分期订购。

（3）低飞球术（the low - balling technique）。先提出一个合理的要求，当对方答应之后，再中途变卦，提出较大的要求。例如汽车进厂进行例行性保养时，师傅原先可能建议车主更换前轮轮胎，待维修进行一半的时候，可能会直接询问车主是不是要一次更换掉所有的轮胎。

（4）脚在嘴里术（foot - in - the - mouth technique）。销售员先与对方建立某种类型的关系，以提升对方顺从的可能性。例如逛街的时候，销售员可能借由对消费者的观察，而与消费者建立同群的关系，如主动表态与消费者使用同款的包包或是手机而拉近与消费者的距离，待取得消费者的认同感之后，销售员再趁机推销自己所卖的东西。

（5）不只如此术（that's not all）。在对方尚未决定是否要同意要求之前提供额外的利益，以提升对方顺从、改变态度的可能性。当店家发现客人在犹豫是否要购买昂贵的笔记本电脑时，店家可能会逐一强调自己可以提供的其他服务，例如三年保固、维修时到家取件、免费加送计算机周边商品等。

（6）诱惑术（lure technique）。先提出一个具有吸引力的要求，当对方爽快答应后，再宣称这种具有吸引力要求已不复见，并提出另一个较不具有吸引力的要求。例如百货公司周年庆化妆品的特卖会，常会以某组特卖商品为号召，吸引客人前来，但最后则可能告诉客人，该特卖商品已卖光，但公司另一款商品也有优惠，建议客人可以改买另一款产品。

（7）物以稀为贵术（playing hard to get technique）。告知对方物品稀有，得来不易，以提升对方顺从的可能性。这是流行品牌常用的宣传手法，例如2010年秋季限量款包包，或是强调世界或地方性的特殊性，如星巴克推出的城市外带杯。

（8）时间有限术（deadline technique）。告知对方优惠时间的期限，之后便没有优惠了，常见的就是封馆大甩卖或是结束营业大甩卖的例子。

9.1.3.4 外在压力的限制

（1）抗拒（reactance）。有时增加外在压力反而降低顺从量，人们喜欢维持其行动自由；当自由受到威胁时，他们可能会有抗拒的倾向。当客人进门消费时，不喜欢店员随侧在旁，或是当销售员滔滔不绝地向客人介绍店内商品时，都可能让消费者备感压力，甚或是让消费者有被打扰的感觉而拒绝消费。

（2）过度辩证效果（over justification effect）。消费者因为做了某一项行为而得到酬赏，会不知不觉地降低消费者对产品本身的兴趣（内在动机），进而将自己对产品的喜欢归因于外在的酬赏（外在动机），而非自己的兴趣，因而可能降低下次购买的欲望。例如，当小孩每完成一项父母交代的任务时，父母就会买一份麦当劳套餐犒赏他，久而久之，小孩便会降低对麦当劳的喜爱，而降低购买的意愿。

▶ 9.2　个人对消费者行为的影响力

9.2.1　两阶段沟通理论

两阶段沟通理论（two - step flow of communication theory）认为营销者通过大众媒体先将产品信息传达给意见领袖，然后再经由意见领袖的转换（或诠释），将该项信息传给其他大众。因此，第一阶段是信息由大众媒体传递给意见领袖，第二阶段是由意见领袖传递给一般大众，如图9 - 2所示。例如现在网络盛行的"保养品达人"博客，就是经由媒体散播保养新产品的信息，然后再由保养达人试用过后，将其心得发表在个人博客上，传达给其他消费者。

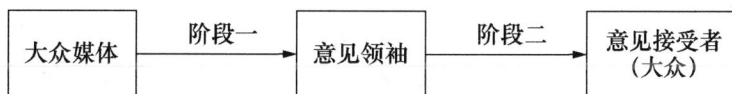

```
┌────────┐   阶段一   ┌────────┐   阶段二   ┌────────────┐
│ 大众媒体 │ ───────→ │ 意见领袖 │ ───────→ │  意见接受者  │
│        │          │        │          │   （大众）   │
└────────┘          └────────┘          └────────────┘
```

图9 - 1　两阶段沟通理论示意图

9.2.2　个人影响途径

个人的影响途径主要是借由沟通对消费者个人产生影响，而沟通发生的原因及途径如下：

（1）当两人做沟通时，个人影响力就发生了。沟通的开始可能始于传播者（影响人），也可能始于收讯者（被影响人）。例如反核事件，先是经由新闻报道给大众，进而激发群众集体意识而向外传达。

（2）沟通时产生的影响力可能是单向的，也可能是双向的。所谓双向是指个人不但影响别人，也受对方影响。根据过去的研究发现，在双方持有相反或不同意见的时候，双向沟通会较单向沟通来得有效果。例如父母与孩子意见不一致的时候，双向沟通会比父母单向的命令来得有效果。

（3）影响力的产生，可经由语言沟通的方式，也可经由视觉沟通的方式。例如选举时候选人常用的文宣广告、海报、短片等媒体形式，都对选民产生某种程度的影响力。

商心达人 ——消费者篇

就是要"台湾之光"

不论是哪一国总统的就职典礼，总统夫人的穿着总是会成为媒体焦点。2013年美国总统奥巴马就职时，其夫人米歇尔穿着的礼服再度成为镁光灯焦点。因为大家都在看，这次会有哪些品牌的衣服幸运中选。米歇尔第一次出席总统就职大典时，其穿着的衣物与搭配的饰品在典礼过后，不仅会成为美国人民争相抢购的商品，该产品的品牌知名度也会随之大增。新锐华人设计师吴季刚就是因为设计美国第一夫人米歇尔在2009年总统就职典礼的礼服而声名大噪。2012年，吴季刚成立个人品牌Jason Wu，销售平价服饰，价位在20～60美元，推出即造成话题并销售一空。2013年中国台湾设计师吴季刚的作品再度获得米歇尔的青睐，穿着Jason Wu的作品出席总统就职舞会。Jason Wu的魅力不仅横扫美国，中国台湾消费者对这个新"台湾之光"也抱持高度的支持与兴趣。

近几年，"台湾之光"俨然成为中国台湾各种出色的人与物的最佳形容词，举凡杰出的运动选手王建民、郭泓志，国际名导演李安，新锐设计师吴季刚、古又文，质量优良的出口商品，如台湾兰花、屏东莲雾等，都是被冠名为"台湾之光"的最佳形象代言人。而当这些人与物被媒体冠上

"台湾之光"的殊荣之后，与台湾之光有关的商品也相对地成为消费者抢购的目标。

9.2.3　意见领导

9.2.3.1　定义与内容

意见领导（opinion leadership）指非正式地影响他人的行为或态度，使他人的行为朝着某一方向进行。其主要特征：影响者和被影响者均无商业目的，属于非正式性的人际影响。值得一提的是，意见领导通常仅限于个别产品类别，意即他们通常仅对某些产品类别有研究，但对其他产品可能只是意见接受者。如牛尔是化妆品的意见领导者，但在美食烹饪部分可能只是意见的接受者。

9.2.3.2　意见领导中各角色隐含的动机

（1）意见领袖的动机。意见领袖会说明此项产品的优点，可能为了减少购后失调或不确定感，证实自己做了正确的决定，也可能借由传达信息或建议，来满足许多个人的某些需求。例如电视现今流行的名人评论节目，借由找来某项商品的专家，由他们发表自己对该商品的看法与意见，从而影响观众对该商品的印象与意见。或是找来诸位牙医师为牙膏的质量做见证，都是期待借由某领域的专业或领导人员的意见，来取得众多消费者的信任。

（2）意见接受者的动机。对于意见接受者而言，通过意见领袖，他们能够获得许多有关新产品的信息，降低其知觉风险，且能够减少搜索信息的时间。当消费者想要购买新品牌的化妆品，却又害怕承担购买失当的风险时，此时化妆品达人（如牛尔）的使用意见与心得，便会左右消费者的购买行为。

（3）购物伙伴的动机。购物伙伴指陪伴消费者购物的人，在消费者购物的过程中，购物伙伴也可作为重要的参考依据，对消费者购买行为具有影响力，有时购物伙伴可能就是消费者的意见领袖。例如跟随与自己有关的重要他人（如父母、伴侣、亲密朋友）外出购物时，消费者容易因为重要他人的意见来左右自身的消费行为。

（4）代理买者。代理买者指消费者委托代为进行消费行为的人，通常他们能够提供消费者专业的意见，并进而影响消费者的购买意愿，因此，也常是意见领袖。例如，现在金融业盛行的基金管理人，即是由消费者委托专业的基金管理人员代替自己进行投资的工作。

9.3 团体对消费者行为的影响力

整体而言，从我们的家庭到社会，不论我们所隶属的团体如何，几乎都拥有一组内隐或外显，且自认为正确的信念、态度以及行为。任何的团体成员若游荡于这些社会规范之外，就是冒着被孤立或遭社会否定的危险。因此，通过社会赏罚，我们所隶属的团体可使我们对之产生顺从。此外，若我们尊敬或钦佩其他人或其他团体，则为了让我们与他们相像并参与他们，我们会服从他们的规范并实行其信念、态度及行为，这项过程称为认同（identification）。不同的团体类型与影响力都会影响个体对团体所产生的知觉与认同，下面我们将介绍团体的类型及其所蕴含的影响力如何。

9.3.1 团体的类型

团体（group）是指两个或两个以上成员分享一套规范与价值，并产生休戚与共的认同感。团体成员会有明确的社会互动行为，借此分享生活感受，以形成社会结构。与消费者行为有关的团体如下：

9.3.1.1 参照团体

我们所认同的团体称为参照团体（reference group），因为我们会参考他们，以便评鉴及调整自己的意见与行动。此外，参照团体也可作为一项参考架构，不仅借此提供我们特殊的信念与态度，也提供我们用以看待周围世界的普遍观点——一种意识形态或一组对社会问题及事件的现成诠释。倘若最后我们实行这些观点，并将团体的意识形态融入自己的价值体系中，参照团体就会产生内化作用。因此，认同过程可作为顺从及内化间的桥梁。

参照团体指消费者认同或喜欢的任何外在影响源，通常能够影响消费者的态度及行为表现。参照团体的影响力主要决定于下列两个因素：

（1）团体吸引力（group attractiveness）。指参照团体能够引起个人兴趣及喜好的程度。当参照团体对个人有强烈吸引力时，称为正面团体（positive group）。反之，若对个人具有回避效果称为规避团体（disclaimant group）。例如，自行车队的喜爱户外运动的人是正面团体，对不爱运动的人则是规避团体。

（2）成员接触程度（degree of contact in group）。指成员互相接触的频繁性。当成员人数较小，较以直接、紧密的关系互动时，影响力较大。例如对消费者而言，亲密朋友会较一般朋友来得有影响力。

9.3.1.2　间接参照团体

间接参照团体（indirect reference group）指个体并无直接或面对面接触的团体或其成员，但对个体仍有影响力，诸如电影明星、政治领袖、运动明星等。

9.3.1.3　亲密团体

亲密团体（intimate group）指个人身属团体内成员之一，且愿意与其他成员高度共享、自我涉入高的团体，例如家人、好朋友等。亲密团体具有高度吸引力，且个人接触团体机会频繁，对消费者的影响相当大。

9.3.1.4　社交团体

社交团体（social group）是消费者喜欢的团体，同时也是该团体的一分子，但成员间接触并不频繁，例如偶尔一起打球的朋友。

9.3.1.5　象征团体

象征团体（symbolic group）是消费者喜欢，但是接触不甚频繁的团体，且日后也无法成为该团体的一分子，例如运动明星、偶像团体。

9.3.1.6　期盼团体

期盼团体（aspiration group）是对个人深具吸引力，且个人接触频繁的团体，个人现在不是该团体的成员，但未来能够成为该团体的一分子。

9.3.2　团体的影响力

团体的影响力可以分为信息性、比较性及规范性影响三种。

9.3.2.1　信息性影响

信息性影响（informational influence）指团体提供产品的信息或使用方法给消费者，进而影响消费者决策的过程。根据过往研究发现，当消费者面临购买商品的风险较高，对所欲购买商品的知识不足时，会特别需要参考团体的信息。例如，消费者最怕买到与"海蟑螂"（指专门霸占法拍屋的集团，向得标者恐吓取财）有牵扯的房子，因此，通常在购买之前都会征询家庭成员的意见，或是参考房屋中介员提供的相关信息，以确保能将购屋风险降到最低。

9.3.2.2 比较性影响

比较性影响（comparative influence）指消费者会参照其所认同的团体的特性与价值观，进而表现与团体一致的行为。一般而言，有相似社会背景、态度或能力的团体，都容易成为比较的对象，影响的效果也较明显。此外，借由比较的程序可以增加消费者自身对于团体的认同感，进而提升购买意愿。特别是近几年从"多芬（Dove）洗发精广告"之后，台湾流行以"普通人的见证叙述"作为宣传产品的广告技巧。以普通人作为广告主角，一来可以节省成本，二来相较于偶像明星，一般普通人，更可以取得一般消费大众的认同，因为在消费者的认知中，广告中的普通人是与他们一样的。

9.3.2.3 规范性影响

规范性影响（normative influence）指个体为了得到团体的接纳喜爱或避免惩罚，进而遵循团体的规范与期待。受到规范性的影响，个体容易出现前文所提的顺从及服从的行为。

此外，参考团体对于消费者的影响力会随着产品使用（必需品或奢侈品）与品牌的差异而有所不同。整体而言，参考团体对奢侈品的购买行为有较大的影响力，对生活必需品的影响力则较小。如图9-2所示。

9.3.3 决定团体影响力的因素

9.3.3.1 知识和经验

通常拥有第一手产品或服务经验，抑或是能轻易取得相关信息者，比较不容易受他人的建议和行为所影响。反之，经验不足或接触相关信息较少者，就比较倾向希望他人提供建言或分享经验。例如，建筑师可能熟悉房屋建造与房屋买卖的相关消息，故较不需仰赖他人的知识与信息；但美容保养对于建筑师而言可能就是一个较陌生的领域，因此可能就需仰赖其他人的使用经验与建议。

9.3.3.2 参考团体的可信度、吸引力及权力

一般而言，具有可信度、吸引力或权力的团体成员，比较能够影响消费者的态度和行为。

产品

参考团体对产品购买力、影响力（弱）	参考团体对产品购买力、影响力（强）
对品牌影响力强，但对产品影响力弱。主要是较贵的必需品，如汽车、手机。	对品牌影响力强，且对产品影响力强。主要是生活中较贵的奢侈品，如高级健身俱乐部、飞机。
对品牌影响力弱，且对产品影响力弱。该类主要为较便宜的必需品，如洗发精及面纸等。	对品牌影响力弱，但对产品影响力强。该类主要为较便宜的个人奢侈品，如Wii游戏机或者是线上游戏等。

参考团体对品牌选择的影响力（强）

参考团体对品牌选择的影响力（弱）

品牌

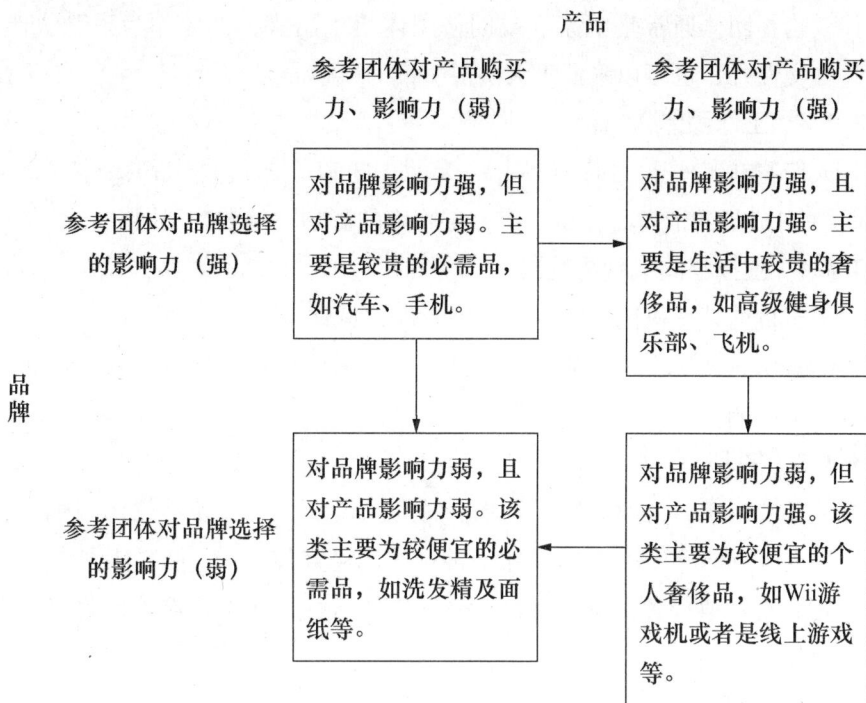

图9-2 决定团体影响力的因素

Payeasy 之所以能成功塑造"达人风潮"，在于其达人团队所推荐的商品都能取得消费者的信任，进而提高消费者的意愿与行为。

9.3.3.3 产品耀眼性

产品耀眼性（conspicuous product）是指就视觉层面来说，该产品相当突出、与众不同，容易受到瞩目的程度。耀眼性高的产品，较容易引起相关消费者的注意，因而引发其购买行为。例如 iPhone4 的问世相较于同期其他新型的手机，备受媒体与消费者的注意。

9.3.4 其他与消费者有关的团体

9.3.4.1 同侪团体

同侪团体，如学校同学，通常缺乏组织性，也没有特定的权威阶级，但就影响力而言，同侪团体的影响力仅次于家庭。

9.3.4.2 购物团体

购物团体（shopping group）指两个或三个以上一起购物或消磨时间的

伙伴。购物团体通常是由家庭或同侪团体衍生出来，彼此作为采购伙伴，除具社交性外，也可以降低重大购买决策的风险。

9.3.4.3 工作团体

人们花在工作上的时间，占一天的 1/3 以上，使得工作团体（work group）对成员的消费行为也具有一定程度的影响，例如公司同事。

9.3.4.4 虚拟群体或网络社群

由于目前计算机网络的迅速发展，虚拟群体或网络社群（virtual group or communities）成了一个新兴的团体，个人的购物行为也会受网络上的团体或网友影响。

9.3.4.5 名人

消费者对于名人的崇拜、羡慕、同情或认可，很容易形成认同感。因此，名人（celebrities）诉求是相当常见的沟通宣传手法，行销人员常借名人广告来激发消费者兴趣。例如，邀请知名模特儿林志玲作为台北市花卉博览会的代言人。

9.3.4.6 专家

由于职业、专业地位或特殊经验等原因，学有专精的人常具有相当独特的社会地位，使得专家也更容易影响消费者的行为。例如谈话节目上常邀请的两性专家、投资专家、皮肤科医师及彩妆达人等各类型的专家。

商心达人 ——经营者篇

平价也是一种时尚

"谁说时尚一定很贵?!" H&M、UNIQLO、ZARA 等品牌的流行，都显示了现代人对于"平价时尚"的需求与趋势。2009 年省内零售业龙头统一超集团以"平价时尚"的口号，成立自有品牌"7 - Select"，自行生产饮料、零食饼干、个人化冷冻食品、日用品等商品。虽然发展"自有品牌"已是全球的市场趋势，但世界经济的不景气也是促成这波"平价时尚"成功的主力。

受到全球商业与中国台湾消费趋势转变的影响，统一超集团，从 2007 年开始投入自有资源于品牌设立，并从过往零售经验，仔细分析消费者需求与行为，试图推出最能符合消费者需求的新商品，如从商品、规格、内容、包装等不同角度，重新检视现有商品的优缺。"7-Select"成立至今已推出百余项商品，在2011年推出诉求平价的"发热衣与凉感衣"系列，也获得市场热烈的响应。因为除了商品创新之外，"质量保证"也是平价时尚的强力诉求，它同时满足消费者的"超值"（价格）与"超质"（质量）需求。

7-Select如同大润发、家乐福、屈臣氏旗下的自有品牌一般，借由强大的市场轻易地打入消费者的生活中。但对于现代的消费者而言，"价廉"就长期来说并不足以留住客群，"能不能买得开心、吃得与用得安心"才是他们心中最大考虑。正因为考虑到消费者对于低价与质量的双重需求，7-Eleven除了利用制贩同盟做法与省内外一线大厂合作，开发多种商品之外，更找来日本知名艺术指导、创意总监水野学为"7-Select"重新包装。此举不仅让新产品有别于过去传统制式的包装之外，也将"价廉物美"的形象深刻地传达给消费者，成功打造7-Select"平价时尚、正在流行"的品牌形象，带动相关类别产品每年20%~30%的成长幅度。而这几年来，7-Select更打破市场框架，积极跨入新领域，例如近来与中国台湾地区龙头大厂台达电子、台塑生医进行双品牌策略合作，研发省电灯泡及环保洗衣精，借此打入灯泡与洗衣精领域。另外，2011年推出的凉感衣及发热衣，让7-Eleven成为机能内衣主要贩卖市场之一。近年，更邀请隋棠、高以翔等知名艺人担任7-Select广告代言人，吸引消费大众注意，加速平价时尚的推广。

综言之，"超值与超质"策略不仅成功让7-Select引领一种新的时尚风潮，也同时满足了消费者的多重需求，时尚对于一般大众不再是遥远的梦想。因为，一般人不需要刻意花大钱去买名牌产品，才能被称得上时尚。"平价时尚"让一般大众相信：我们只要花一点钱就可以享受到好的服务与质量。

资料来源：《7-Eleven商品宁静革命带动新生活形态，自有品牌"7-Select"平价时尚主张引领生活消费新潮流》，检索日期：2013年3月23日，取自http：//www.7-11.com.tw/company/news/news_detail.asp？dId=336。

9.4 口碑与鼠碑营销

你是否曾有过以下的经验：当朋友正在烦恼不知该去哪里聚餐时，你推荐他几家自己觉得还不错的餐厅；朋友称赞你的新发型真好看，并询问你是去哪间发廊；或是跟家人抱怨你去一家超人气的诊所看病，等上半天不说，医生只看诊两分钟就结束了，护理人员的态度也很冷淡。上述这些情况便称为"口碑营销"。

9.4.1 口碑营销

口碑营销（word–of–mouth）是指借由人与人之间信息的相互交流某商品或服务的信息。常见的口碑式营销方式，多是找来有影响力的专家或意见领袖来为产品背书或推荐。但意见领袖不一定是要有身份地位的人物才行，有时候产品试用者、家庭主妇等"普通人"的使用经验反而更具影响力。最明显的例子就是多芬沐浴乳、海飞丝洗发水、油切绿茶等广告都是找来多个产品试用者，借由一般人的经验分享让消费者产生亲近感，更容易相信该产品的效果。简单来说，日常生活中我们常常需要"他人"意见与信息的提供，我们同时也会把很多信息、意见转告"他人"，而这种人与人之间的信息流通就是口碑营销。

一般营销方式多为厂商对厂商（business to business，B to B）或厂商对消费者（business to consumer，B to C），口碑营销则是消费者对消费者（consumer to consumer，C to C）。不过，更精确地说，口碑营销其实是 B to C to C，也就是先有某些消费者体验过产品或服务，感到满意后，愿意发自内心向外推广，自此一传十，十传百，达到有口皆碑的效果。换句话说，不必砸下白花花的广告预算，只要能收服上门消费的这群客人，他们自然会帮你宣传，带来更多的消费者！

9.4.2 鼠碑营销

随着网络的盛行，口碑营销也有"鼠碑营销"（word – of – mouse）的说法。也就是将面对面沟通时所用到的"嘴巴"改变为"鼠标"，不论是博客（blog）、脸书（Facebook）、推特（Twitter）、噗浪（Plurk）或各大讨论区等，消费者只要搜寻关键词，都可获得大量的相关信息，并作为购买的参考。口碑营销与鼠碑营销的共通点都是使用非正式的人员沟通媒介，信息传播者与厂商之间没有利益关系，因此我们相信朋友/网友分享的经验与说法。不过，由于网络具有匿名性，许多网络文章其实是厂商刻意安排的"写手"，消费者需自行衡量信息的可信度。

口碑营销与鼠碑营销是把"双刃剑"，消费者不仅会与人分享愉快的消费经验，对于不满意的消费经验，他们更是不吝于宣传，此即负面的口碑营销（negative word – of – mouth），而在网络世界中，负面鼠碑营销（negative word – of – mouse）的传播速度更是惊人。当消费者考虑购买新产品或服务时，负面信息的影响力比正面信息来得大。因为消费者相信，厂商都是自卖自夸，不断放大产品的优点，但对于产品的缺点却只字不提。因此，此类非正式的负面信息对广告可信度的冲击很大，并会对消费者的购买意愿造成一定程度的影响。

课堂活动

你是如何被教养的

一、目的

（1）引导学生回忆父母从小对待自己的教养方式。

（2）省思父母的教养方式对自己现今的人格及价值态度的关键影响力。

二、说明

（1）人数：不限。每人先自行完成"教养类型测验"（如附件），再分成 4 ~ 5 人一组，进行讨论与分享。

（2）时间：测验、计分、解说需 15 ~ 20 分钟，讨论与分享需 20 ~ 25

分钟。

(3) 材料：每人一份"教养类型测验"。

三、程序

(1) 老师先引导学生完成"教养类型测验"及计分，简单解释各类教养方式的特色，及其对子女人格发展的可能影响。

(2) 将学生分组，尽量让每组中有不同父母教养风格的学生，以增加分享的丰富性与异质性。

(3) 要求各组讨论以下问题，鼓励学生分享各自的经验与感受：

①童年时你的父母是如何对待你的（教养风格）？

②你觉得父母的教养方式对你现今的人格有影响吗？是何影响？

③你觉得父母的教养方式对你现今的价值观有影响吗？是何影响？

④你觉得父母的教养方式对你现今的消费行为有影响吗？是何影响？

⑤将来你当了父母，会以同样的方式教养你的子女吗？为什么？

四、附件

(1) 教养类型测验（含计分、解说）。

①以下是有关亲子关系的问题，请回想童年时你与父母的互动情形来回答。

②请在 a～e 中选出最适切的答案做◎的记号，大致符合的做○的记号。

问题1	子女出去玩而没有在规定时间内回家时如何处理？
a.	严厉地叱责
b.	一晚回来就担心发生了什么事
c.	即使回来晚了也不在意
d.	依时间不同，有时严厉地叱责，有时什么也不说
e.	详细询问迟归的理由，并告诉他们最好能遵守时间
问题2	子女嫉妒其他兄弟姊妹时怎么办
a.	责备他们
b.	认为自己管教方法不好，加强反省
c.	不太在意并放着不管

d.	某个时候特别疼某个子女
e.	和蔼地劝解，并让他们了解父母没有偏心
问题3	有事拜托子女，而子女不肯时怎么办
a.	不管什么事都要照父母的话做
b.	立刻听子女的
c.	一点都不听子女的解释，马上生气
d.	再拜托子女一次
e.	详细听子女的解释，让他们了解应该帮父母做事
问题4	当父母知道子女做了坏事时，如何教他们最好不要做坏事
a.	直接严厉地逼问
b.	担心子女为何不肯说实话
c.	不特别在意子女的事
d.	当时什么都不说，事情过后再责备子女
e.	平静地训诫，并教导子女应当做的事
问题5	子女发脾气时如何处理
a.	无理取闹时就责备他们
b.	接受子女的要求，安抚他们
c.	偶尔为之就不管他们
d.	因时不同，有时叱责、有时安抚，不一定
e.	花时间倾听或安抚
问题6	子女有事会找父母商量吗
a.	只就事情的内容交谈
b.	多少谈一点
c.	不管父母，自己做自己的事
d.	有时会、有时不会，因状况而异
e.	会很轻松地商量
问题7	子女带男（女）朋友回家时怎么办
a.	不管谁都详细询问
b.	担心这样交往好不好
c.	不管带谁回来都不看一眼

d.	先欢迎他们然后详细询问
e.	欢迎他们并一起喝茶聊天
问题8	子女考试成绩退步怎么办
a.	严厉地监督使子女更用功
b.	安慰他们，并勉励他们下次考试加油
c.	觉得没什么，不特别担心
d.	父亲或母亲严厉地训话
e.	跟子女一起做功课，并让他们再做一次以前不会的问题
问题9	怎么教导子女日常生活的礼仪
a.	平常生活里就告诉子女
b.	平时很少说
c.	连自己也不在意，子女也随便不管
d.	在家里较自由，但出外一定要有礼貌
e.	父母做示范、自然子女也一样有礼
问题10	子女房间乱七八糟时怎么办
a.	让子女一个人整理
b.	最后还是自己整理
c.	在子女整理之前就放着不整理
d.	有时很严厉叱责，大致上还是会帮忙整理
e.	尽可能让子女一个人整理
问题11	父亲常跟子女一起出去玩吗
a.	很少一起出去玩
b.	非常疼爱子女，经常一起出去玩
c.	很忙，几乎不出去玩
d.	子女要求的话，休假时出游，但马上感到厌烦
e.	亲子成为很好的游伴
问题12	子女的功课给谁看
a.	子女想给母亲看
b.	尽可能让家教看
c.	依子女的意愿

d.	因时不同，有时父亲看，有时母亲看	
e.	尽可能让子女一个人做，不懂的地方再发问	
问题13	子女想买贵的东西时怎么办	
a.	觉得浪费，并叫他们忍耐	
b.	只要子女一撒娇就买	
c.	不管要什么大多会接受	
d.	起先说不买，但还是拗不过子女的央求	
e.	仔细地讨论是否是必须的东西	
问题14	父母对自己的教养方法有何看法	
a.	认为较严格	
b.	认为较溺爱	
c.	认为较放松	
d.	认为随着当时的气氛而异	
e.	认为很开明地了解子女的心情	
问题15	父母对子女的教养有不同的意见时	
a.	配合父亲的意思	
b.	母亲跟子女一伙	
c.	父亲对子女的教养不关心	
d.	因时而不一定	
e.	充分讨论，尽量使意见一致	

（2）计分方法。

①将 1 到 15 的问题中的答案◎和○，转记到下表。

②◎得两分，○得一分，合计 1~15 题的分数。

题项	a	b	c	d	e
1.					
2.					
3.					

续表

题项	a	b	c	d	e
4.					
5.					
6.					
7.					
8.					
9.					
10.					
11.					
12.					
13.					
14.					
15.					
合计					

（3）测验解释。

①a 到 e 中的最高分就是你父母的"教养类型"。最高分中有两个以上同分时称为"混合型"。

②a. 严格型　b. 过分保护型　c. 放任型　d. 不一致型　e. 民主型

五种父母的类型			
类型	出发点	方式	后果
严格型	父母	权威	过分压抑，自信不足
过分保护型	子女	体恤	缺乏独立性，自我中心
放任型	父母	放纵	被忽视感，爱的饥渴
不一致型	父母	情绪性	无所适从，不安全感
民主型	亲子	教育性	独立且能尊重别人，自信又自在

📖 **习　　题**

1. 请区分从众、顺从与服从三种社会行为的差异。

2. 意见领导背后所可能隐含的动机如何？试举例说明。

3. 本文介绍了数种不同的团体类型，请从中选择三种团体进行说明，并简述这些团体对于消费者行为所具备的影响力。

10 文化对消费者的
影响与商业行为

商心开讲

全球化的影响，不仅造成经济与人才的跨界流通与发展，也促成世界文化的相互交流，其中最显而易见的莫过于"异国料理美食"。以台北为例，不论是走在街头上或百货公司，到处都有多种不同的异国料理可以选择，例如韩式烤肉、日式拉面、意式比萨、墨西哥卷饼、美式汉堡、英式早餐、印度薄饼、泰式风味餐、湘川小吃等。有趣的是，许多异国美食店皆号称自己的味道是地道的，甚或标榜自己的食物材料都是从国外原装进口的，百分之百的原味。"地道小吃"及"百分之百原味"或许是吸引消费者上门的重要因素，但究竟什么样才是真的"地道"呢？对于某些旅游经验丰富的人而言，他们或许能借由比较自身品尝经验的差异，去判别中国台湾的法国菜是否跟法国的法国菜味道一样。但这样旅行经验丰富的人并不多，多数中国台湾人旅行过的国家不超过10个。因此，对于多数的中国台湾消费者而言，他们口中赞誉有加的"异国料理"是真的地道，抑或其实是经过调整后"台式异国料理"呢？日本拉面在中国台湾随处可见，举凡百货公司美食街、一般商店街、夜市商圈，随处都有日本拉面的踪影。但传统的日本拉面吃法是搭配小菜、煎饺一起吃，且因为拉面的汤头是花了数小时才得以完成的高汤，为了能将汤头美味一起送入口中，客人吃面时一定要一口气将面吸进嘴巴，所以会发出"咻、咻、咻"的声音（代表"美味"）。但日本拉面传入中国台湾后为了迎合当地习俗和大众口味，不仅拉面的口味变得较为清淡，面条也较软，客人吃面时也不会发出声音。所以对吃习惯日本正统拉面的人来说，中国台湾拉面就是少了点滋味。行文至此，我们可以发现一个有趣的现象：如果作为消费者的我们都喜欢"地道的"异国美食，那为什么我们却无法接受味道偏咸、面条偏硬的日本拉面呢？是什么因素左右了我们对于食物味道的选择呢？有别于前几章是从消费者个人内在的动机与态度去剖析其个人消费行为，本章将从消费者个人所处的外在环境、社会文化去了解其消费行为。

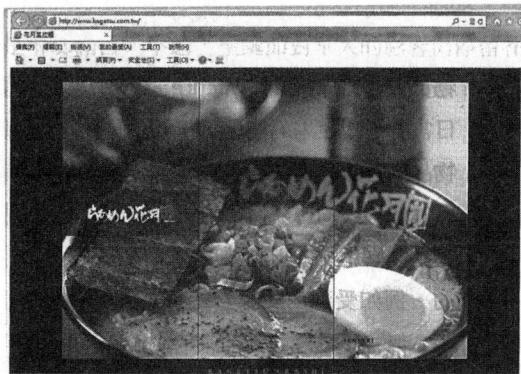

日本拉面店进军中国台湾，这就是"地道"（图片来源：**www.kagetsu.com.tw**）

▶▶ 10.1 文化的意义与要素

10.1.1 文化的定义与内容

10.1.1.1 文化的定义

文化（culture）的定义相当广泛，随着学科及使用场合的不同而有相异的解释。从消费者行为的角度来看，文化泛指具有相同生活方式的人共享的规范、价值观、器物或行为模式，包括知识、信仰、艺术、道德、风俗以及器具等。这些共享的规范、价值观及器物可通过学习与教化代代相传。因此，文化可以是一种相同的生活方式，表现在食、衣、住、行甚或思想等方面，也可以是一套规范与价值观。

10.1.1.2 文化的内容

文化的内容可略分为"物质文化"与"非物质文化"。

（1）物质文化（material culture）。指文化中具体的事物，包括日常生活所使用的产品，例如房屋、汽机车、衣服等。有些物品具有浓浓的文化意涵，像日本的和服、韩国的韩服及其他国家的传统服饰。一般而言，物质文化改变的速度较非物质文化快，但物质文化与非物质文化是相互依存、相互影响的。例如受到西风东渐的影响，日本在大正年间流行穿西服，但和服并未就此消失。由于和服在日本文化中仍有不可取代的崇高地位，因此，在现今的日本街道中仍随处可见人们穿着和服，在人生的重要日子中（如成年礼、婚礼），和服更是日本民众的不二选择。

（2）非物质文化（non - material culture）。属于抽象的思想观念，包括语言、价值观、风俗习惯等。非物质文化不易为人们所察觉，但在个人生活经验及知识中，我们却能够体会它们的存在（徐达光，2003）。台湾本身就是个多元文化的社会，包括闽南人、客家人、原住民等民族。其中，原住民依血缘与地域的差别又可分为 14 个族，每个族都各有其生活习惯与风俗。例如，农历十月是赛夏族的"矮灵祭"、七月中旬是阿美族的"丰年祭"、四月则是布农族的"打耳季"，尽管名称与仪式都不一样，但都是文化中由来已久的重要节日，目的都是为了表达对老天赐予丰收的感谢，而与此节庆相关的风俗习惯都是文化的表征。

由于个人学习具体事物远较非具体事物更为快速，新产品的发明会破坏原来物质文化与非物质文化之间的平衡关系，使得社会出现文化失调的现象，或称为文化滞迟（culture lag）。就像圣诞节，受到西方文化的影响，每到 12 月，国内的百货公司、重要景点皆会竖立起大型圣诞树、圣诞灯饰。其他圣诞节商品，像是卡片、服装、食品等，更是琳琅满目。不过，圣诞节对华人的影响仍停留在"物质文化"层次，我们并不会在圣诞节时，特地与家人相聚，此也为一种物质文化与非物质文化不对称的现象。

10.1.2　文化的习得性

10.1.2.1　我族文化传承与他族文化转授

人类学家在谈及文化形成的过程时，通常会区分两种文化形成的历程：文化传承与文化转授。文化传承（enculturation）是指传承自该社会体系原有的文化，通过家庭、教育、日常生活常规、媒体等方式，让人们自然而然习得该文化的内涵；文化转授（acculturation）则是指从一些新文化或其他文化所学得而来的。以中国台湾来说，在20世纪50年代为了政治生存而力求西方国家的协助，也借此导入西方文化。今日，中国台湾企业以追求利润为终极目标，在经济上不断力求进步，社会富裕，政治思想开放，这些都是西方个人主义价值的展现。不过，传统的集体主义价值并非就此消失，对中国台湾的人们来说，家庭福祉更胜于个人成就，家庭/家族对个人的影响力仍然存在，慎终追远的价值观、拜神祭祀等活动也十分普遍。今日的中国台湾同时展现了来自我族文化传承的集体主义价值观，以及来自他族文化传授的个人主义价值观。

10.1.2.2　语言与象征符号

要形成共同文化，社会成员必须使用相同的语言，方能有效地沟通，彼此分享意义。符号（symbols）如同语言一般，也是与目标对象进行有效沟通时需要的元素，对相同文化的人，符号具有相同的象征性意义。符号可以是语言或非语言的（Schiffman & Kanuk，2006），语言符号如电视或杂志广告上的台词或说明，非语言则是用于广告、商标、包装，或产品设计上的图片、颜色或形状等，以补充说明所表达的诉求。因此，营销者必须使用适当的语言及符号，传达产品的形象、诉求和属性特征，形成有利于自己的文化。像是国际棒球比赛时，"蓝白加油棒"与"烧肉粽"是观众席不可少的必备品。因为，"蓝白加油棒"是台湾队球衣的经典颜色，"烧肉粽"则是能激励球员与观众的战歌。

10.1.2.3　仪式

仪式（ritual）是指将社会认可的符号，串联组成一系列脚本行为，并借由成员们周期性地进行这些脚本来表达约定俗成的象征（徐达光，2003）。对营销者而言，可以通过这些仪式行为来创造商机。例如端午节吃粽子、中秋节吃月饼、冬至吃汤圆等。其中，婚宴更是典型的仪式型消费。"结婚"在诸多文化中都是人生大事，而婚宴正是邀请亲朋好友分享喜悦的神圣场合。婚宴业者正是看准此仪式的重要性，不仅硬设备推陈出新，宴客过程中也加入许多"表演"的元素，让仪式更加具体。例如新人进场、新娘父亲将女儿的手交给新郎、敬酒、新人感谢父母等，辅以婚礼司仪感性的旁白、会场炫目的灯光，不仅新人顺利完成终身大事，两家父母也因为婚礼办得体面而脸上有光。

10.1.2.4 家庭与学校

家庭是个体学习文化的最基本单位，个体的生活习惯、规范或信念等都深受家庭所影响。以烹饪来说，厨房新手不自觉会回想妈妈的口味，模仿妈妈煮菜的习惯，更别说是整天在妈妈身边打转的小帮手，早就把家里的独门秘方背得滚瓜烂熟，而饮食的习惯就这么代代流传下去。因此，即便是远嫁美国的华人女性，也会想尽办法在产后吃上一碗麻油鸡！

此外，学校的教育，也同样能让个体学习到文化的概念意涵，或是文化的历史渊源。通过学校正规的教育课程，学生能系统地学习到文化的起源与相关内涵。历史上，在特殊政治氛围中，学校教育也是控制人民思想的重要管道之一。

10.1.2.5 传播媒体

传播媒体的内容与广告都能够直接反映或传达文化的主要价值观，例如化妆品广告，透露出从古至今中国对美的观念，"一白遮三丑"。传播媒体的广告内容也常取材于有利营销的文化规范或行为，以供观众学习该文化，同时增加消费行为。例如"克宁奶粉"广告以"大树"的形象，再三提醒父母"不能让小孩子输在起跑点"。"维骨力"则有强烈的孝道诉求，提醒为人子女者应关心父母身体健康，除了鼓励老人家应该注重身体的保养，更可以通过主动购买保健食品来展现孝道。

10.1.3 文化的动态性

文化是社会成员彼此互动的产物，因此当社会成员生活方式或价值观改变之际，文化内容也随之改变。文化变迁（cultural transition）即指文化在动态的演进过程中，添加了新的元素，丢弃或修正了旧的元素，以顺应时代潮流的一种现象（徐达光，2003）。有许多因素均会影响文化的改变，例如新技术产生、人口变动、资源短缺、战争、价值观改变或跨文化接触等。如传统中国文化对两性的性别角色期待是"男主外、女主内"，但在

178

整体社会环境改变之下，两性地位愈趋平等，女性的劳动参与率也持续升高。虽然女性地位提升，但双薪家庭中先生与太太终日都在工作与家庭之中奔波。看准这股转变，"家事外包"的概念逐渐产生，许多家事清洁公司也纷纷诞生。除了提供定期的家事清洁，年度大扫除也可以交给他们，另外像是洗衣收纳、炊事服务、学童接送也在业务范围之内！

10.1.4 我族中心主义与文化相对主义

10.1.4.1 我族中心主义

指当我们接触到不同文化的习俗与观念，别人会以异样眼光看待，有时还会因此产生偏见，这种以自己文化的标准评断其他文化，并认为自己文化水平优于其他文化的态度，称为我族中心主义（ethnocentrism）。

10.1.4.2 文化相对主义

文化相对主义（cultural relativism）指以同理心为基础，设身处地站在他国文化的立场来审视或判断其价值习俗，了解异国的消费特性，提升对当地社会文化的熟悉度。在目前市场国际化的趋势中，为了要掳获异国消费者的需求，势必要具有文化相对主义的观点。来自荷兰的喜力 Heineken 啤酒，在中国台湾的一系列广告中，常以一句中国成语来结尾，让中国台湾消费者能立即了解广告中想传递的"就是要喜力"诉求，并且发出一抹会心的微笑。像是邀请朋友到家中参观，一群女生看到美轮美奂的更衣室以及一伙男生看到整个房间都是喜力而不断尖叫，是谓"异口同声"；又像是在拥挤的 PUB 中，人群替你传递酒保送来的喜力，但最后送到你手中的竟是别牌的啤酒，因为途中有人"见好就收"；以及你正庆幸着冰桶中还有最后一瓶喜力，正要伸手之际别人却抢先你一步拿走，这正是"眼明，不如手快"的道理。

商心达人 ——经营者篇

7－Eleven 在地化

近年来，统一超商集团的触角不断往生活各层面延伸，除了提供便宜又快速的"City Coffee"之外，看准经济衰退下、人民对于物美价廉商品的高度需求，成立自我品牌，以较低的价格贩卖自家产出的饼干、卫生纸、衣服等民生必需品。7-Eleven 现今已在世界各地开枝散叶，如美国、中国内地、日本、加拿大、挪威等各国，而为了因应各国文化及人文的差异，与全球化带来的冲击，7-Eleven 也采取了"差异化"与"在地化"等经营策略来因应外部环境的变迁与挑战。例如日本的"奈良便当"，还有北京的"快餐岛"就是最佳例证。奈良便当只在奈良的 7-Eleven 限定贩卖，但因为结合了在地特色与健康取向，销售业绩出乎意外地好，即便价格比一般的烧肉御便当贵了一些，但因其掌握了消费者对在地特色与健康的心理诉求，结果奈良便当不但成功讨好了奈良当地人，也成为到奈良旅游的人必尝的特色便当。

赠品搜集热潮（图片来源：www.7-11.com.tw/）

而在中国台湾的 7-Eleven 则靠着赠品的搜集，满足消费者的成就感，成功地提高顾客上门消费的次数，也提高消费者的单次消费金额。统一超商整合营销部部长刘鸿征曾言："价格诱因不如有效的差异化来得有用"，因为现在消费者对价格刺激感到疲乏，而如何增加购物的娱乐感，就是一个能创造差异的方向。2006 年开始，7-Eleven 靠着全店营销、Hello Kitty 及小叮当磁铁等收集风潮的发动，成功地提高了统一超商集团的总营收。因为赠品的搜集，一则，可增加消费者和店员之间的互动；二则，也因为这些赠品的流动，无形中成了 7-Eleven 的活广告，吸引更多消费者一起参与。

资料来源：张汉宜：《客制化、在地化日本超商用便当抢生意》，《天下杂志》，2009 年第 417 期。

10.2　次文化与消费者行为

10.2.1　次文化的定义

次文化（subculture）存在于广大且复杂的文化群体当中，是某一个独特、可辨识的文化族群。其成员拥有不同于其他族群的信念、价值观及风俗习惯，同时也保有社会共享的信念。依据次文化分析可使营销人员依据次文化族群特殊的需求、动机、知觉和态度来进行市场区隔，高龄者与年轻人对于娱乐、生活商品的消费需求就不一样。高龄者喜欢清淡食物、年轻人则偏好重口味的食物。

10.2.2　性别次文化

人一出生，就有男女之别，称为性别差异（sex difference）。生理上的差异固然能够影响男女两性角色特质，但研究指出，在文化熏陶下的社会化学习过程，次文化才是造成性别差异的主要原因。

10.2.2.1　性别角色

性别角色（sex role）指在一个社会文化中，男性与女性在社会团体内所占有的地位与众所周知应该表现的行为的差别（张春兴，1989）。性别角色的成因可能深受父母、学校教育及大众传播媒体与社会教育所影响。个人为表现出符合性别角色的行为，可能会有相应的消费形式，例如男性较常购买黑、灰、蓝等颜色的服饰或用品，女性则偏好粉色系。又如文化对男性的期待为独立果决，女性则是感性优柔，因此在购物时男性通常速战速决，女性则较常有犹豫不决的情况。

10.2.2.2　女性消费市场的扩大

由于女权思想蓬勃及女性经济地位独立，使得妇女在消费市场上所扮演的角色与男性渐趋平等，甚至超越男性，女性开始拥有较强的消费能力，甚至在购买决策上，女性扮演着关键性的角色。预估到了 2014 年，亚洲富裕国家女性消费者将拥有 5160 亿美元的自由消费力，发展中国家的女性则拥有 1800 亿美元。因此，营销人员开始积极开发女性市场（例如职业妇女），也开始调整适合女性的广告策略。如力霸集团旗下的衣蝶百货以 18～35 岁的女性消费者为主要客群，许多贴心的设计让女性消费者备感暖心，像是温水洗手台、下午茶时间送茶饮以及在门口亲切说着"欢迎光临"的 Doorman，让衣蝶在中国台湾的百货市场中独具一格。虽然最终因力霸集团财务问题而不得不于 2008 年歇业拍卖，但衣蝶百货至今仍是许多女性心中最爱的百货公司。

10.2.2.3 性别在采购评估的差异

消费时，男性通常比较着重实用性（例如产品功能如何、是否物超所值），女性则偏重于美感的营造（例如东西是否可爱、颜色是否搭配）。另外，挑选商品时，男性强调数量逻辑（例如东西多少钱），女性着重沟通人际性（例如是否令人感动、有不有趣）。

10.2.3 年龄次文化

同一年代出生者，因为所处的政治、经济及社会环境相似，所以在生活习惯与行为方式上往往有共通性，这种因为年龄形成共通性而产生的族群，称为年龄次文化。而世代铭记（generational imprinting）便是指同一时代出生的一群人因为经历了相同的历史事件，而使他们难以忘怀，并对其产生之影响。

10.2.3.1 银发族

银发族（elderly people）指生理年龄在 65 岁以上的族群。依据统计局的统计，2010 年中国台湾人平均余命为 79 岁，呈现逐年提升的趋势。其实，中国台湾早在 1993 年便正式进入"高龄社会"，也就是 65 岁以上人口占总人口的 7% 以上，预计到了 2019 年会达到 15.4%，2026 年达到 20.9%，也就是每 5 个台湾人就有一个 65 岁以上的人。再者，由于经济能力的提升、开放的消费观念及政府利多政策的释出等因素的影响，银发族的市场变得相当蓬勃，也成了行销人员相当注重的族群。

10.2.3.2 婴儿潮次文化

婴儿潮世代生于 1945～1964 年第二次世界大战之后。婴儿潮世代目前正处于成年后期与迈入老年期，由于经历中国台湾经济起飞时期，中国台湾地区许多知名企业家皆属于婴儿潮世代。他们的事业发达，收入资产丰富，加上1990年后婴儿潮的父执辈（银发族）陆续退休，使得婴儿潮已成为当今最有权势的族群。

10.2.3.3 新世代人类次文化

新世代人类可分为两个不同的年龄族群：新人类（X generation）是指1965~1975年出生的人口。新新人类（Y generation）指1975年以后出生的人口。这两群人虽然大约有10岁的差距，但因充分享受了中国台湾经济成长的果实，所以蕴含出相似的思想价值观和消费习性，统称为新世代人类（new generation）（徐达光，2003）。新世代人类极具消费潜力，人数合计超过台湾1/3的人口，且新世代人类喜欢花钱，每年花费占全省总额的43%。

10.2.4 社会阶层次文化

社会阶层（social stratum）是指人们依照某些标准（例如身份、地位、财富、教育程度等）将社会分等为数个同质的团体，被区分为同一等级的成员具有相似的生活方式与态度行为，例如中国台北市豪宅"帝宝"一户动辄上亿元，居民不是企业家、政治人物，便是演艺明星，可谓非富即贵。此类消费者虽重视生活质量、地位象征，但更要求"隐私"，因此，小区的保全系统便是其消费时的重要考虑。

商心达人 ——消费者篇

红酒该怎样喝

延续本章一开始对异国料理的讨论，除了"食物"文化的交流之外，"红酒"文化的东进蔚为潮流。也许因为政治与经济的发展比其他大国都来得晚，促成中国台湾人民对于"舶来品"或"外来品牌"总是有股莫名的崇拜。根据文献记载，中国台湾酿酒文化的发展最早可追溯至17世纪荷兰占台时期。当时，荷兰政府颁布的"禁止汉人酿造米酒"命令，被认为是中国台湾最早的"酒业"记录。曾著有《台湾的酒》一书，筹设中国台湾第一座酒文化馆的陈义方表示："现今中国台湾建国啤酒厂是台湾第一个啤酒工厂，于 1919 年由几位日本商人集资创立，早期名为'高砂麦酒株式会社'。"历经公卖、民营化等政策转变，中国台湾啤酒受到进口酒的影响，除了致力于商品的转型之外，也积极拓展新的消费族群。在中国台湾啤酒积极改造之际，红酒文化则在近年成为中上阶级的显学。

不论是薄酒莱新酒或法国波尔多五大酒庄名酒，中国台湾中上阶级餐宴与流行文化中皆可见红酒文化的存在。简单来说，"喝红酒"在中国台湾被认为是一件高尚、有品位的事，如果那个人不仅会品酒，还可以说出该瓶红酒背后的故事，那会更让旁人佩服。但是红酒文化尚未在中国台湾深根，多数台湾人仍常把红酒当成啤酒般地豪饮，这种"中国台湾特色的红酒文化"与欧洲红酒文化显然大异其趣。

世界各地都有种植葡萄，所以世界各国也都有葡萄酒的生产。栽种葡萄的最佳地理条件是年平均气温为 10～20 摄氏度且土壤排水良好的地区。法国红酒为何能在众多的红酒中独占鳌头的原因是，法国不但是全世界酿造最多种葡萄酒的国家，也是多种知名高级葡萄酒的生产地。然"红酒"在法国其实是被定位为"餐酒"的角色。所谓"餐酒"是指需视消费者个人当天食用的料理搭配适当的红酒口味。换言之，法国人并不会单喝红酒，而是将红酒视为美食的配角。某个来自法国的专业侍酒师觉得台湾客人很奇怪，总是喜欢劈头问，"这里什么酒最有名，或这里最好喝的酒是哪一支，甚或是要侍酒师推荐他们个人最爱的酒"，老实说这些问题让此位法国专业侍酒师感到十分困扰。因为在法国，客人总是会清楚地告诉侍酒师们他们个人的需求与偏好，例如"我今天上班一直被老板骂所以心情有点不好，想要喝点能让自己开心的酒"、"最近压力有点大，想要来杯舒缓心情、安神的酒等"。侍酒师们就会依照当天客人的需求、气温与其食用料理而为客人挑选最适当的红酒。但中国台湾消费者似乎不习惯表达自己的个人需求，而总是习惯要别人推荐，或是按知名度来挑酒喝。因为这样会显得自己好像也很懂红酒，而自以为了不起，觉得其他人都是文化水平低落的人。

但是，对专业侍酒师而言，红酒并没有绝对的好坏之分，而是"搭配的适当与否"。视个人品位、需求与用餐，选择味道相互呼应的酒，方能品尝真正的酒香及其背后所欲传达的故事。所以，下次喝红酒的时候，请消费者除了被动的告知之外，也该学着先了解自我需求与主动学习相关知识的习惯，不要再用"畅销排行榜"的心态去点酒，也不要再抱持着"专家说好就好"的心态去判别一瓶红酒的好坏。而应该先认真地问问自己现在的需求为何，然后再搭配专业侍酒师的意见，找到当下最适合自己的那杯酒才是。

10.3 跨文化消费者研究

10.3.1 跨文化消费者研究的意义

跨文化消费者研究意在探讨不同文化环境中的消费者，在消费观念与行为上的差异情形。以目前现况来看，营销的范围已不受国界影响，大多数的公司都积极拓展海外市场，朝向国际化迈进。行销人员也必须开始尝试了解不同文化的消费者所呈现的消费观念与习性，才能在变动与不确定的环境中生存下去。

10.3.2 不同文化在消费价值观上的差异

Hofstede（1983）曾大规模地针对一家跨国公司共计1万余名的员工进行研究。他指出，国家文化差异可由四个构面去衡量，分别为集体主义与个人主义、规避不确定性、权力距离、阳刚与阴柔。

10.3.2.1 集体主义与个人主义

（1）集体主义（collectivism）。集体主义下的人们较尊重文化的价值观，力行团体合作，服从团体规范，企图完成组织目标。他们对于权力分配不公平的极权制度，接受程度较高，权力高低的区分明显。集体主义下的社会成员，有很强的社会顺从性，循规蹈矩者会得到大家赞赏，标新立异者会受到严厉指责。集体主义文化下的消费者，偏好买受大众喜好的品牌，才不会显得自己与众不同。换言之，在集体主义文化中，消费者普遍有"从众"（conformity）行为，例如早些年风行的"葡式蛋挞"，不仅人人都要来上一个，蛋挞店也一间一间地开；又如2004年日本甜甜圈品牌

185

Mister Donut 于台北天母设店，引爆排队人潮，消费者愿意排上两个钟头，一尝甜甜圈的滋味，这些都是在集体主义文化中常见的景象。而营销人员要注意的是，一旦流行风潮散去，原本蜂拥而至的消费者也会一哄而散，如何继续维持一定程度的销售量才是考验。

（2）个人主义（individualism）：个人主义的文化环境，以个人成就为重，强调"凸显自我"、"不与他人相同"等观念，重视个别差异与自我创意，强调个人目标优先于团体目标，对于权力不公平分配接受度低。个人主义文化下的消费者，偏好购买个性化商品。以穿着来说，个人主义文化中当然也有成衣品牌，但人们总是可以穿出自己的味道，而不会看到满街都是穿戴风格一样的人。因此，营销人员的考验是观察消费者的喜好，并挑选适合他/她的商品，"这个现在很流行喔!"对个人主义文化下的消费者是行不通的。麦当劳广告中的"I'm lovin' it"正是个人主义文化中"强调自我"的价值观之展现，虽然中文广告翻译为"我就喜欢"，但由于文化的差异，对集体主义文化的消费者便难引起共鸣。

10.3.2.2 规避不确定性

规避不确定性（uncertainty avoidance）是指文化成员在感受威胁及不确定的情境时，用什么方法来处理这种状况。西方社会体系常借由宗教组织的力量制定规范，以挑战、征服不确定的感觉（人定胜天的观点）。华人则具有农业社会古老的传统思想，认为有效的农耕生活特别需要安定的家族与和谐的社会，一旦碰到不如意的事情，常以"缘"来强调现实世界的必然性或不可避免性。这样的思想也反映在消费者的行为与态度上。西方人喜欢尝试新鲜的产品，东方人则较为保守。以旅游来说，我们常可在台湾街头看到外国背包客，他们可能是结伴同游，但更多的时候是独自一人。很少看到外国人搭着游览车观光。这便是对不确定性具有极高的忍受力，可以随性地闯荡天涯。近年自助旅游风气也在省内蔓延，不过整体而言，人们参加旅行团一起出游的比例还是较高的。

10.3.2.3 权力距离

此向度用以表示人们对于社会中权力分配不平等状况的接受程度。在社会中，不平等普遍存在于声誉、财富、权力当中，人们对于权力分配不平等状况的接受程度即为权力距离（power distance）。高权力距离代表该文化倾向阶层化，且相当重视个人的身份地位，对于不平等的现象也较能

186

够接受。相反地，低权力距离代表该文化重视平等，以知识、尊敬作为权力的来源，该文化的人们对于权力分配不平等的现象具有较高的反抗意识。在权力距离较高的国家中，消费者权益的开展也较权力距离低的国家来得慢。人们服膺于政府或高位阶者的安排，即便遭受不公平对待也惯于隐忍，造成消费者"权益意识"不彰，也让不肖业者有较好的生存空间。因为高度权力距离代表高度阶层化，不仅消费者心声难以表述出来，政府政策执行也难以贯彻。

10.3.2.4 阳刚与阴柔

此向度代表不同文化中传统价值观是阳刚（masculinity）或阴柔（feminity）的程度。若该文化的传统价值观越倾向阳刚，则个体越着重于自我目标、自我成就的达成，例如事业、金钱、物质等。换言之，阳刚倾向的文化中，主流价值是强调专断、追求金钱与地位以及获取外显的与象征性的报酬。若该文化的传统价值观越倾向阴柔，个体则越着重于社会整体目标的达成，如与他人维系良好关系、帮助他人、保护环境、关怀弱势等。也就是说，阴柔倾向的文化中，主流价值是强调生活质量，认为人际关系比金钱与成就还要重要。若欲在两种文化中推出同一样产品或服务，即便产品本身的内容、构造不变，但所设计的广告诉求一定要能呼应该文化的主流价值观。例如推陈出新的智能型手机，对倾向社会中的消费者来说，其上网功能能让他们随时掌握信息，以便及时做出回应；时尚的手机外型也能为自身品位加分。不过，对阴柔倾向社会中的消费者来说，他们一样喜欢智能型手机的上网功能，如此一来便可以随时与亲朋好友"视讯"、传送信息、分享新鲜事。

10.3.3 跨文化研究需要考虑的事项

10.3.3.1 风俗习惯

每个国家文化都有各自的风俗习惯，风俗习惯的不同，是跨国营销者必须注意的地方，否则容易造成误解。例如欧美国家忌用数字"13"，在中国、日本等地"4"则因谐音而被认为是不吉祥的数字。另外，中国台湾人相信农历七月诸事不宜，举凡出游、买房买车、嫁娶等都会避开这个月份，若是跨国营销人员不晓得这个风俗习惯，可能会误以为营销手法是否有误，才会销售量不佳。

10.3.3.2 经济状况

国际市场依照各国经济开发的程度，大略分为不发达国家、发展中国家及发达国家。依据各国的经济状况与消费能力，厂商可以评估利润与衡量投资风险状况。

10.3.3.3 产品偏好

厂商在进行产品研发时，要针对文化背景的差异，制造出能够符合当地文化需求的产品。例如，餐饮业就是一个相当具有文化特色的行业，若能够特别注意文化环境的差异，便能够获得当地消费者对产品的偏好（徐达光，2003）。如强调多国调适策略的肯德基，在中国市场不仅卖炸鸡，同时也卖皮蛋瘦肉粥、榨菜肉丝汤等，以迎合在地消费者的口味。

10.3.3.4 象征物

相同的符号在不同的文化下会有不同的象征意义。例如，中国台湾常用来代表数字"七"的手势，在中国大陆意思为"八"。另外，OK的手势在不同文化更是有不同的解读，在日本代表金钱，在法国代表废物，在德国则具有淫秽的意涵。而在基督教文化圈，十字更代表着"神圣"。

10.3.3.5 广告表达

在每一个文化推出产品时，广告的表达要融入该文化也是相当重要的。从题材、脚本到代言人的选定，一定要能够融入当地人的生活，如此才能让当地人接受，广告也才有效果。例如，美国通用面粉公司在日本推出蛋糕材料包，并在广告中宣称"做蛋糕就像做饭一样简单"！但此广告并未引起共鸣，因为对日本家庭主妇来说，做饭一点都不简单，更是手艺高超、贤惠与否的重要指标，因此，将材料包与做饭相比，完全无法达到营销效果。

10.3.3.6 语言

语言代表文化的习惯及信仰的沟通，具有相当程度的社会性。营销人员必须深入了解当地的语言（或是方言）所代表的隐含或深层意义，这样不仅可避免产品在推行时发生困扰，更可增加产品的亲切感。如前述的海尼根广告。

10.3.3.7 研究工具的应用

跨国营销者在收集消费者数据或解释消费意念时，使用的工具也需要考虑消费者的文化背景，比如有些国家教育水平低落，文盲占大多数，使用较多图片比较能够与当地消费者进行沟通。

课堂活动

文化重要吗

一、目的

（1）思考文化与商品营销的关系，分享对文化的重要性的看法。

（2）学习用理性面对不同意见，并在讨论与辩论中学习沟通与团队合作。

二、说明

（1）人数：不限，全班分组进行。

（2）时间：40～50分钟。

（3）材料：纸、笔。

三、程序

（1）老师先说明这是一项"辩论比赛"，遂将全班分成两方，各自出题：

A方要为"文化是营销成败的关键"辩护，B方则要为"文化并不是营销成败的关键"辩护。

（2）老师再说明接续的活动程序规则如下：

①每方有10分钟的时间准备。

②辩论程序：A方5分钟陈述，B方1分钟诘问。

　　　　　　B方5分钟陈述，A方1分钟诘问。

（3）若班级人数很多，可将A、B两方内再组成2～3人的小组进行准备。

（4）老师主持A、B两方辩论比赛。

（5）辩论后，重组六人一队，其中要有三人原属A方，另三人原属B方。

（6）每队有15分钟的时间讨论，整合双边意见，达成团队共识。

（7）每队准备简短的口头报告，在课堂上分享。

（8）最后，老师可利用附件"中德文化比较"的素材，来强化学生对文化差异的体认，特别是集体主义与个人主义文化的反差。

四、附件

中德文化比较

Chinese vs. German culture
左边是德国　右边是中国

意见 Expressing opinions

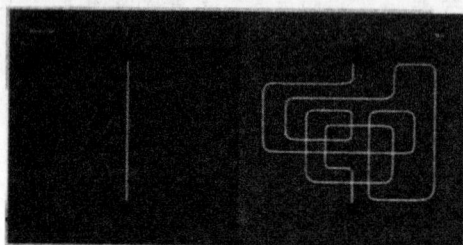

生活方式 Lifestyle

准时 Punctuality

人际关系 Relationships

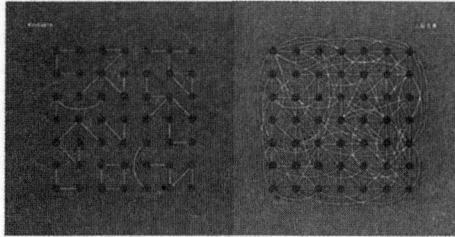

对待愤怒 Expressing anger

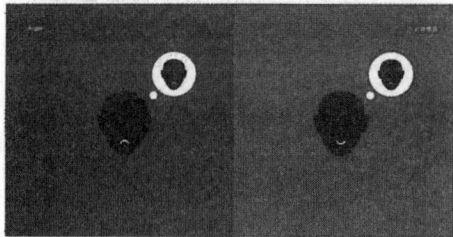

排队 Queue

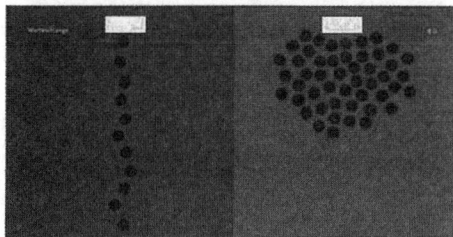

自我 The self

周日的街景 Streets on Sunday

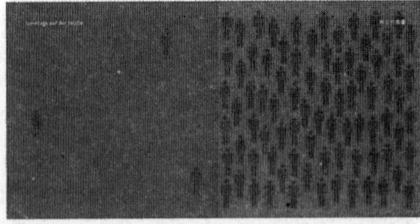

聚会 Party

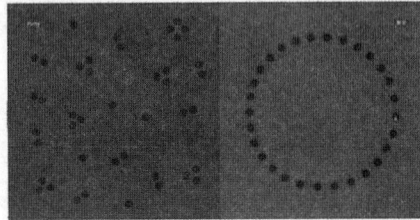

在餐厅 At restaurants

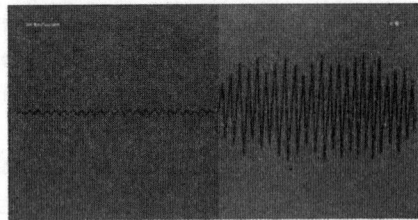

旅游 Travel

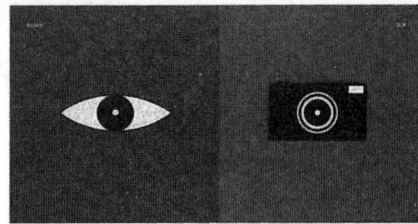

处理问题 Problem solving

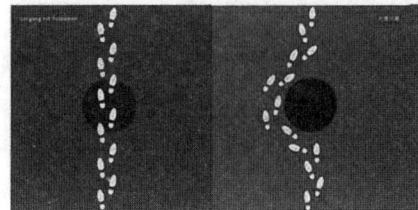

交通工具 Transport

老人的日常生活 Old age

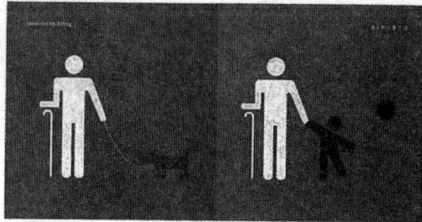

心情与天气 Mood & weather

领导 Leadership

时尚 Fashion

孩子 Child

想象中的对方 Imaginary alien

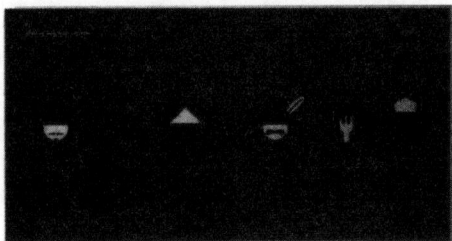

习 题

1. 何谓文化？请简述其内涵。

2. 文化可通过仪式习得，你还想得到哪些中国台湾文化中特有的仪式吗？

3. 请比较"我族中心主义"与"文化相对主义"的概念。

4. 请比较"集体主义"与"个人主义"的概念。

11　市场区隔与商业行为

商心开讲

过去，中国台湾地区有 800 万 MSN 用户，立即登入 MSN 实时通信软件是许多上班族开计算机后所做的第一件事情，MSN 也成为许多上班族或学生族群生活中不可或缺的通信软件。因为，MSN 和电话、手机一样，是可让人保持与外界沟通的好工具。但随着智能型手机的普及、WhatsApp 与 LINE 等多种免费通信软件的兴起，大幅改变使用者通信与互动的习惯。加上社群网站 Facebook 风潮席卷全球，大大减少的使用率，过往一大串的小绿人（表"上线者"）、"登.登.登"来来往往的信息声，早已被"咻~咻~咻"划手机声所取代。进而促使美国微软公司于 2012 年 11 月，宣布 2013 年第一季度将以网络通信软件 Skype 全面取代 MSN，此信息传出让不少网友相当不舍。即便不舍，但 MSN 使用率下降也是不争的事实，因为 MSN 早期提供的视信、个人网志与线上聊天的功能，多半仅限于计算机上的操作，而不能满足使用者想用随时随地与他人互动、聊天、分享生活的需求。Skype 的视信对话功能已与 Facebook 整合，集文字、传文件、视信功能于一身，再加上 Skype 可外挂新功能的特色，将成为微软实时通信的新武器。因此，微软在评估现有使用人口数与未来发展性下，决定将 MSN 并入 Skype 软件下，朝拓展网络电话生意的方向前进。

在第 1 章中我们曾提到，目前企业普遍认为"市场导向"的营销策略才是可行之计，其中"顾客导向"更是市场导向的核心诉求。换言之，企业需对目标消费者有所了解，方能发展以顾客为主的整体策略。营销策略包含一连串的程序，包括市场分析、市场区隔、营销组合以及执行。其中，每个程序皆须与"消费者"密切扣连。换言之，企业唯有借由了解消费者行为与需求，才能界定自身产品与其他产品的差异，进而拟定完善的营销策略。但究竟要如何"做"，企业才能有效掌握消费市场的需求，从而在茫茫商海中打造自家商品的独特性呢？于是，本章主要将为大家介绍市场分析的内涵、原则、执行方法，及企业家如何借由市场分析的结果拟定可行的营销策略。

曾带给我们许多便利的 MSN，别了（照片由联合报系提供）

▶▶ 11.1 市场分析的内涵

消费市场瞬息万变，消费者的喜好在变，竞争对手的策略在变，整体社会的法令、经济环境也在变。企业需先对当前市场有所了解，才能推出成功的产品或服务。市场分析便是对消费者、公司内部优劣势、当前与潜在竞争对手及外在环境进行分析的过程。正确的市场分析可帮助企业掌握商品的供需比例，在满足市场需求的同时，也为企业带来效益。反之，市场分析错误，将提高营销决策的风险。单一产品或服务的市场分析应包含以下层面：

11.1.1 消费者

在商品或服务推出之前，通过市场分析来研究商品的潜在销售量，可谓是市场分析的主要目的之一。因此，了解消费者的喜好便是市场分析的重点所在。如果营销人员对消费者欠缺完整的了解，便无法正确地响应消费者的需求。通过本书其他章节，将有助于了解消费者行为的各项原理。

11.1.2 公司优势与资源

除了了解消费者，企业更需对自己进行全面的评析，包括公司具备的优点与资源、缺点与局限。若已掌握消费者的喜好，是否具有研发能力发展新产品？是否拥有相对应的人才与资源？公司财务是否稳定？缺少的资源是否有办法弥补？是否需要结合策略伙伴？当产品顺利研发出来之后，是否具有开发市场、掌控市场、广告行销的能力？唯有充分了解自己的优缺点，才能避免新产品的失败。

创立于1902年的3M公司在全球已推出超过6万项商品，但"博视灯"却是3M第一支灯具产品。3M中国台湾分公司应用原先便已研发成功的"3M专利滤光片"用于台灯商品，有效减少眩光，降低长期阅读的不适。搭配上优异的营销团队，让定价高于其他牌台灯5~6倍的博视灯（售价约为新台币3200元），只花了3年的时间，便拿下不少市场占有率（彭芫萱，2010）。3M的例子显示，当企业了解到消费者的需求，并妥善运用公司各项优势与资源时，即便是初次接触台灯市场，3M还是打了漂亮的一仗。

11.1.3 当前与潜在竞争者

市场分析也应包含对当前与潜在竞争者的了解。倘若我们不了解竞争者的策略与优缺点，便无法"知己知彼，百战百胜"。因此，在进行新产品研发或营销活动之前，企业宜先思考以下问题：

（1）哪些公司可能会提出相似的产品进入市场？

（2）竞争者会如何销售该产品？（广告？降价？或其他促销方式？）

（3）若我们推出产品，是否会对竞争者造成冲击？

（4）受冲击的竞争者是否有足够的能力应对？我们的策略是否足以承受竞争者的反击？

11.1.4 市场环境

消费者、企业、竞争者所处的"市场环境"也是市场分析不可忽略的一环。市场环境包括当前经济状况、政府法令、新兴科技、国内外局势等，这些均会影响消费者的需求，自然也会影响企业营销策略的拟定。例如2008年全球金融海啸，经济衰退，消费者购买意愿降低。以高价位的汽车来说，即便整体经济条件不佳，但消费者仍有购车的需要，只是需求量不大。因此，车商需调整定价与配销策略，以度过景气寒冬。

▶▶ 11.2 市场区隔的意涵

"老板，我要两杯珍珠奶茶，一杯要去冰半糖，另一杯要多冰无糖！"这样的话相信读者一定不陌生。店家为了满足不同顾客的喜好，不仅饮料口味琳琅满目，要加多少冰、多少糖都可以由顾客自行决定。日常生活食材你会去哪里购买呢？是"顶新鲜的好邻居"顶好超市、"天天都便宜"的家乐福、强调"健康食材好安心"的松青超市，还是设立于百货公司专门进口各国食材的 City Super？又或者以上皆非，可以享受杀价乐趣的传统市场才是你的最爱？！正由于消费者的背景、国籍、兴趣等因素的差异会直接/间接影响到消费需求，当营销人员提供一系列的产品或服务选择时，便需要依照人口学变项、心理或社会等其他变量，以区别不同的市场范围，以满足不同的消费者，提升他们的满意感和生活质量。

11.2.1 市场区隔的意义与层次

市场就像是一块大饼，上面充满着形形色色的消费者，市场区隔便是指将市场切割成几个不同子集合的过程，每个子集合内的消费者差异小，不同子集合间的消费者差异大。由于各子集合中的消费者拥有相同的需求或特征，营销人员可以选择一个或多个区隔作为目标市场，深入了解该市场并满足目标消费者的需求。

依据区隔程度的高低，市场区隔可进一步区分为四个不同的层次：

（1）大量营销（mass marketing）。指对市场中所有消费者提供相同的产品与营销组合。基本上，大量营销并未区隔市场，因其假设所有消费者都适用相同的需求、需要，即消费者都是一样的。大量营销的优点是成本可能较低，但市场中并非所有的消费者都有相同的需求。而在漫无目的乱枪打鸟的情况下，无法凸显产品的独特之处，很容易在市场中遭到直接竞争。

（2）区隔营销（segment marketing）。认为消费者的需求、欲望、购买态度与习惯皆不相同，营销者应设法将同构型较高的消费者区分出来，组成市场并调整所提供的产品，以符合区隔市场的需要。例如同属丰田集团的 TOYOTA 与 Lexus，前者的目标消费者为一般大众，后者则定位为独立研发的高级车，竞争品牌锁定双 B 车款。

（3）利基营销（niche marketing）：将一个区隔再度切割成数个次区隔，再以次区隔当作营销的对象，或瞄准具有特定特征的少部分消费者作为公司服务的对象以谋取利润。例如，数码数字相机与单反数字相机由于在操作复杂程度、重量、价格等因素上的差异，已区隔成两群很不相同的消费族群。但在数码数字相机中，又可再划分为强调轻巧、强调高画素、可换镜头、色彩缤纷等诉求，满足不同消费型数字相机使用者的需求。

（4）个别营销（customized marketing）或一对一营销（one‐to‐one marketing）。营销者把市场每一个消费者视为一个区隔，量身定做符合消费者需求的产品策略。此为市场区隔最细致的程度，也可称为客制化服务。例如五星级饭店推出的管家服务、家居室内设计等产业，都是以客制化服务的提供为特色。

11.2.2　市场区隔的种类

市场区隔就像是把消费者分成不同种类，分类的方式则有许多种，可大致归为四大类：地理与人口学变项区隔、心理统计区隔、使用行为区隔、多重化区隔。

11.2.2.1　地理与人口学变项区隔

地理区隔（geographic segmentation）是以"地域"来区隔市场，并假设住在同一区的人们可能有较相似的需求，且与其他地区的居民不同。地理区隔可以国家、城市为单位，也可以因地理区域而造成的气候差异为区隔单位。例如，居住在潮湿多雨的基隆或宜兰的消费者对于除湿机的需求就比台湾的消费者高。又例如纬度较高的国家与地域，如北欧、北美地区，对于暖气设备的需求量胜于空调机；反之，纬度较低的国家与地域，如南亚、东南亚一带对于空调机的需求量胜于暖气设备。

年龄、性别、婚姻状况、所得、职业及教育程度等人口学变项特征（demographic characteristic），也可以作为市场区隔的基础。以对食物的需求为例，女性偏好"质"优，如精致茶点或甜食；男性则偏好"量"多，如免费加饭的便当或简餐店。又如花王公司（Kao）旗下的洗面奶产品，除了Biore蜜妮系列，又特别针对男性推出"Men's Biore"，强打抗菌除痘、清爽不黏腻、净化油光等效果，目的就是为了吸引男性消费者。就区隔市场而言，人口学变项资料通常最容易取得，而且最具成本效益。人口学变项数据不仅易于使用，也可初步衡量区隔族群的规模大小，是最常被使用的市场区隔方式。

11.2.2.2　心理统计区隔

心理统计区隔，或称心理图舆（psychographic segmentation）是指营销者运用统计学的理论与方法，探讨消费者内在或本能的心理历程特性（如知觉、人格、动机等），或这些特性与社会环境互动下所形成的态度、价值观或生活形态等心理变项，作为区隔的方法。前述人口学变项资料虽然容易取得，但区隔为同一族群的消费者（如相同性别、教育程度、年龄）却不必然会喜欢同一款商品。心理统计区隔则可弥补人口学变项或地理区域区隔的限制，让厂商对消费者有更正确的了解。心理统计区隔可进一步区分为：心理区隔、生活形态区隔、社会文化区隔三种：

（1）心理区隔。主要是以消费者的内在特质来进行市场区隔，例如在前面的章节中，我们已为读者介绍动机、人格、知觉、学习和态度等变项。

（2）生活形态（life style）区隔。生活形态指消费者的生活格调，包括活动的类别、对特定事务的兴趣及对社会事件的看法。例如，时间运用方式相同者可能会有相似的消费需求与特性，因而会购买相同的产品满足需求。即使这群人的年龄、性别、婚姻状况都不相同，但因参与的活动、兴趣、对事情的看法相近，使得他们使用产品的理由趋于一致。因此，从消费者生活形态来预测产品购买的趋势，似乎比客观的地理区域、人口学数据更准确。

营销人员在进行生活形态测量时，需要询问消费者的活动（activity）、兴趣（interest）和意见（option）等相关问题，这些问题统称 AIO 问题，也就是消费群生活形态分析。利用 AIO 分析，可以得出有关消费者人格、购买动机、兴趣、态度、信仰和价值观的反应。一般来说，AIO 相似度越高，生活形态就越相似。AIO 所包含的要素则如表 11 - 1 所示。

表 11 - 1 AIO 分析之要素

生活形态构面	要素
活动	工作、嗜好、社交、度假、娱乐、社团、小区、购物、运动
兴趣	家庭、家事、政治、小区、娱乐、流行、食物、媒体、成就
意见	自己本身、社会事件、工作、商业、经济、教育、产品、未来、文化

（3）社会文化区隔。社会文化区隔又有多种区隔方式，常采用的区隔有以下三种：

①家庭生命周期。是指一个家庭从形成、扩展、稳定、收缩、空巢到最后解体的动态历程，许多家庭都会经历相似的发展过程。在每个阶段，家庭需要的产品和服务也不尽相同。例如，新手父母与空巢期的父母便处在很不一样的家庭阶段，前者以孩子为家庭重心，后者则较关心退休、自我照顾的问题。

②社会阶层。是指社群当中的相对地位，在同一层级的人们，通常拥有相同的社会地位。不同社会阶层的消费者，在价值观、产品偏好和购买习惯上都有些差异。例如高收入、高社会地位的消费者在购屋时，价格并不是首要考虑，安全性、隐私甚至是邻居素质才是他们关心的重点。依社会层级来做市场区隔，有助于厂商提供更适切的产品或服务。

③文化、次文化和跨文化。营销人员也可利用文化传承作为区隔本土

或国际市场的基础，因为相同文化的成员倾向于分享共同的价值观、信仰和习俗。因此，对营销人员而言，充分了解该国的文化相当重要。在较大的文化体系中，常存在一些独特的次文化群体，他们拥有自己的经验、信仰或价值观，同样也可作为区隔的基础。例如台湾土地上的客家文化、原住民文化、眷村文化等。在跨文化部分，虽然不同文化的人们可能都需要某项商品，但能触动他们购买意愿的原因却未必相同，因此需要不同的促销手法，这是营销人员在跨国营销上要深入了解的地方。

11.2.2.3 使用行为区隔

除了前述的客观地理区域与人口学数据以及主观的心理统计区隔外，营销人员还可依据消费者实际的使用行为来进行区隔，包括以下五种方式：

（1）使用率（rate of usage）。指消费者对某产品或服务的使用程度，一般使用率的区隔可分为重度、中度、轻度及非使用者等。市面上许多产品都有80/20法则的使用现象，也就是某产品80%的使用率/使用量是由20%的顾客所造成的。换句话说，大多数的使用率都是集中在重度使用者。例如，习惯以止痛药来解决头痛问题的民众多半是头痛频率比其他人高，或是头痛的时候仍须工作。当手上的止痛药快吃完的时候，也会赶紧去买几包囤着，以免头痛一发作不可收拾。针对此类"重度"使用者的需求，厂商相继推出"加强配方"、"特效配方"或是强调快速消除疼痛的"膜衣锭"，此类产品特性对经常头痛的消费者来说的确具有相当的吸引力。因此，找出重度用户，锁定特定目标市场，已成为行销人员的策略基础。

（2）知晓程度（awareness status）。指消费者对产品的熟悉度、兴趣以及是否已准备好要购买该产品，或需要被告知产品相关信息与否等。知晓程度高的消费者甚至会主动搜集产品的相关信息，对于以往系列产品也了如指掌，厂商所推出的新产品/服务需有一定程度的突破，才能满足此类消费者的期待。例如iPhone的使用者就是被"惯坏"的一群，新一代产品必须有实质的突破，否则很容易激起一片失望情绪。而对于知晓程度较低的消费者，营销人员则需致力于提高他们对品牌、对商品的了解，进而产生购买行为。

（3）品牌忠诚度（brand loyalty）。品牌忠诚度也被视为是区隔的基础，营销人员若能发觉忠诚型消费者的特征，他们便能进行直接的促销活动。拜计算机科技发达之赐，顾客的个人背景、消费习惯、消费次数等数据皆能详尽地记录在数据库中。通过数据库分析，营销人员便能区隔出一群具有高品牌忠诚度的顾客，进而能提供更个人化的服务。另外，也可以锁定尚未形成品牌忠诚的消费者（例如，品牌更换者、创新采用者），提供产品试用或新会员优惠等方式来逐步培养消费者的品牌忠诚度。关键在于为不同属性的消费者提供量身打造的服务。

（4）使用情境（usage situation）区隔。使用的场合或情境也会影响消费者的购买和消费行为。有时候营销人员也会试着灌输消费者产品何时使用（特定时间），或者是适合在哪些场合（特定情境）使用的观念。例如，近来连便利超商都积极开发的冷冻调理食品，主打快速、方便、口味多的优点，是租屋在外学生、忙碌双薪家庭的好选择。而除了上述"时间有限"与"不方便做饭"的情境之外，厂商也企图营造冷冻调理食品的其他适用情境，像是肚子不太饿只想吃点心/简餐、煮菜变不出花样想换口味、逢年过节想吃应景食物（如佛跳墙、肉粽、药膳）、招待朋友开派对，都是冷冻调理食品派得上用场的时候。

（5）利益（benefit）区隔。营销和广告人员尝试找出产品和服务可带给消费者的最佳利益，利益区隔可以帮助营销人员做产品定位，寻找最合适的目标消费群。例如，各家银行信用卡的用卡优惠设计便是采用利益区隔的好例子。对常出国的人来说，手上一定会有几张提供免费机场接送服务的信用卡；常去百货公司的人，也一定会有该百货的联名卡，才能享有最优惠的折扣/红利/赠品；其他还有加油、用餐、旅游、娱乐优惠等，都是吸引不同属性消费者的利益区隔方法。

11.2.2.4　多重化区隔

营销人员在进行市场区隔时，绝大部分会利用两种以上的方法来区隔消费者，希望能找出更小更能明确描述的目标市场，称为多重化区隔（hybrid segmentation）或交叉区隔。像是以下两种区隔方法的结合：

（1）心理、地理与人口学变项多重化区隔。以人口学变项加上心理统计变项来区隔消费者，将能够得到更多的信息来了解消费者，也可以得到更深入更有意义的消费者概况。例如，中国台北最近便出现一家锁定金字塔顶端贵妇的精致百货，此即以"女性"和"尊荣"（动机/价值观）为组合的区隔营销手法。

（2）价值观与生活形态区隔。价值观与生活形态调查Ⅱ（value and

life style survey II，VALS 2）是由美国斯坦福研究机构（Stanford Research Institute，SRI）所发展而来的，聚焦于探讨个人的价值观及生活形态与购买行为间的特殊关系。虽然 VALS 2 发展于美国，也有其他地区的营销人员加以修改应用，分析该地消费者的类型，如日本、欧洲、中国台湾等。国际精品 SWAROVSKI 近年频频为消费者推出生肖动物摆饰品，则是"文化/民俗"（价值观）与"精致品位"（生活形态）组合而成的区隔性营销策略。

商心达人 ——消费者篇

什么"卡"好

随着虚拟消费的盛行，信用卡的使用渐趋普遍，发卡银行提供的服务与卡片形式也越来越多元，以下我们简单介绍几种不同功能的信用卡别：

（1）按"消费者社会地位与财富"作为主要区分的标准，例如"普卡"、"白金卡"、"金卡"、"无限卡"、"白金商务卡"、"企业商务卡"等。简单来说，普卡、金卡、白金卡的分别在于可使用的额度高低及享受权益不同，例如中国台湾台新银行与玉山银行白金卡客户，可于飞行时享有机场贵宾室或机场外围停车免费服务等，这些服务就不是普卡或金卡客户可以享受的权益。

除了一般客户之外，无限卡服务的对象就是金字塔尖顶的客户群，许多银行推出顶级信用卡。例如中国台湾华南银行"The ONE 尊荣卡"，不仅凸显顶级消费者的稀少性，"视您唯一"也同时传达发卡银行对于消费者的态度，让消费者不仅享有消费礼遇，也有专属财富管理团队。顶级卡的市场区隔也越来越明显。"白金商务卡"或"企业商务卡"，是定位在顶级的无限卡与一般白金卡之间的信用卡商品，客层主要锁定经常有国际商务旅行需求的企业精英分子。例如，中国台湾台新银行"白金商务卡"，收取合理的年费搭配超值回馈与尊荣的服务。

（2）按"特定功能或特定消费族群"作为区分标准，例如"中国台湾加油卡"是以上班或日常生活中常使用汽机车的消费者为对象；"大同宝宝联名卡"，偏爱大同 3C 产品的朋友，卡友可以独享大同 3C 消费 3～24

期零利率优惠等。"中国台湾航空联名卡",则适用于常出国旅游、出差的朋友,凭卡消费可以享受免费国际机场接送、停车尊荣服务、华航累积里程、免税购物折扣优惠等。同理,"新光三越联名卡"提供新光三越百货卡友刷卡来店礼,并享有参加发表会、展示会、艺文活动之特别优惠,还可不定期接获最新流行信息与活动广告。

随着信用卡种类的多元与经济发展渐缓,发卡银行提供的服务也保有"与时调整"的弹性,因此消费者在申请信用卡时,除了考虑自己申办信用卡的主要目的与用途之外,也要常常上网确认该卡提供的服务是否有所更改,以确保个人消费权益。

▶▶▶ 11.3　市场区隔的原则与执行

在众多的区隔方法中,厂商该如何选择目标市场?如何区隔才能获取最大利润?

11.3.1　有效市场区隔的原则

如果每个消费者的偏好与需求都一样,便不需要进行市场区隔。正因为人们的喜好有所不同,市场区隔可满足不同消费者的需求、重新定位(repositioning)、选择最适合的广告媒体、拓展市场规模等目的。虽然上面已经介绍多种区隔市场的方法,但不是任何产品使用所有区隔市场的方法都有效。例如,购买智能型手机的人可区分为男生与女生两种,但性别并不是影响手机销售量的重要因素。因为,购买手机的价格并不会因为性别不同而有所差异。故以"性别"作为区辨智能型手机市场的指标并不适宜。营销人员经过市场区隔之后,便将区隔的消费者变成"同构型"的消费者,并针对目标市场采取适当的营销策略。因此,有效的市场区隔是成功营销的第一步,以下介绍五项市场区隔的原则。

11.3.1.1　可衡量的

可衡量的是指市场区隔的规模大小、基本数据或购买力是可具体测量的。中国台湾 2300 万人口，很难确切地了解喜欢吃饭、喜欢吃面的人口数量。故无法依此确切地掌握"面食市场"或"饭食市场"的需求与特性。但也许是"面食市场"或"饭食市场"的定义太广泛而无法完全掌握，此时，可挑选其中特定商品或较小的消费市场进行了解，例如"泡面"、"五谷饭"或"月光米"等具体商品的消费市场。

11.3.1.2　可接近的

可接近的是指经营者要能有效接近某市场的主要消费者。如欲了解银发族对于计算机的使用频率，可以按户口调查的数据，选择老年人口比率较高的邻里或小区作为调查对象。又如某家酒厂知道自己某款商品的主要消费者为高薪的工作者，但如果没有固定的贩卖地点或市场管道，我们也许很难接触到这群消费者。

11.3.1.3　足量的

足量的是指经营者欲加以区隔的市场必是有一定数量的潜在消费者，且其获利是值得让公司为他们开发商品。例如，筷子在东方国家有较大的市场，值得厂商进一步去了解；相对地，西方人习惯用刀叉吃饭，筷子于西方国家的市场的销售量与获利也许不值得厂商砸钱投资。

11.3.1.4　可区别的

可区别的是指市场间的区隔要有所差异。例如，男性、女性对笔记本电脑的需求不同，男生偏好大屏幕、影音功能佳的款式；女生则偏好轻巧、外形可爱的款式。如果，男生与女生对于某款新型计算机的反应都一样，则该款新型市场就不能按性别区分为两种不同市场。

11.3.1.5　可执行的

可执行的是指可以拟订有效的营销方案，以彻底区分消费市场者。比如，按市场区隔的步骤完成调查，我们发现某商品可以被区隔为五个市场，但碍于营销人员或经费的不足，我们仅能挑其中几个获利较大的市场拟定相关营销策略。

11.3.2　执行市场区隔

市场区隔的执行主要有以下三种类型：差异化营销、集中化行销以及反区隔营销。

11. 3. 2. 1 差异化营销

厂商找出最有前景的区隔之后，选定多个目标市场，并发展各自的营销组合，称为差异化营销（differential marketing）。例如，计算机厂商除提供家用型计算机也贩卖笔记本电脑，后者又有高效能、高续航力、超轻薄各种机型，以提供商务人士、学生、业务员不同的选择。又如王品集团除了排餐之外，也成立其他副品牌，贩卖小火锅、咖啡、甜点。差异化营销同时服务多个不同的消费者群，可有效提高市场占有率，但成本也随之提高不少，较适合财务状况健全的公司。此外，差异化营销也分散了锁定单一目标市场，鸡蛋放在同一个篮子中的风险。

11. 3. 2. 2 集中化营销

与差异化营销相反，集中化营销（concentrated marketing）指厂商找出最有前景的区隔之后，只选定单一目标市场，并只采用一种营销组合。例如越来越常见的宠物餐厅，允许消费者携带宠物进店用餐，有些店家甚至只提供宠物的食物！因为他们原订的服务对象就是"宠物"，而不是宠物的主人。如知名购物网站"PayEasy"，其网站内容以女性用品为绝大多数，像是发型、保养、彩妆、服饰、瘦身用品等，广告诉求也相当具体：陪"你"shopping 一辈子！就是锁定女性为目标市场。一般而言，集中化营销较适用于公司成立初期或是公司规模不大的情况，公司可以集中所有资源以满足特定消费族群。聚焦于特定区隔市场可让公司对该群消费者有更广泛、更深入且更精确的认识，比起其他采取差异化营销的公司更能掌握该群消费者的特性，进而提高竞争力。不过，此优点也恰恰是集中化营销的致命伤，只要目标消费者不买账，公司便面临危机陷入困境之中。

11. 3. 2. 3 反区隔营销

有时因时间流逝，区隔群改变，公司已不再适合设计专属性的营销方案，而必须重新思考市场的区隔程度。通常公司会找出拥有共同需求或特征的多个区隔群，重新结合这些区隔群使其成为一个较大的单一区隔，并改采另一种修正过的产品或促销活动，此为反区隔营销（counter - segmentation marketing）。例如，泡温泉已是现今许多人可以接受的休闲活动之一，温泉观光胜地也随之增加。北投温泉获得盛名虽早，但随着政治、经济与其他同业竞争的影响，一度生意萧条。为了重振北投温泉盛况，当地商家们决定改变经营方式，从单兵作战变成团结力量大的模式，以一条龙的套装服务取代单一服务，果然奏效。

11.4 产品定位与营销组合

借由市场分析，找出明确的区隔市场后，接下来便是拟定具体的营销策略，帮产品找适当的定位，使目标消费者对产品留下深刻印象，进而成为购买时的首选。所谓"产品定位"即是指如何让产品与其他竞争厂商有所区别，并在消费者心中留下深刻的印象。产品定位的重要性在于可让营销者产生竞争优势，也能与竞争厂商产生差异化。第3章时我们已经介绍过，可借由"产品差异化"、"服务差异化"及"人员差异化"的方式形塑消费者对于该商品的印象。此外，营销组合是指营销人员依据公司的目标原则所拟订的一套营销计划，以满足区隔市场的需要。站在卖方的立场，营销组合包括产品（product）、价格（price）、促销（promotion）、市场（place）四个部分，简称4P。近来则出现须以买方（消费者）为观点来定义营销组合的声音。所谓买方观点便是每项营销组合都要能够传达顾客的利益，以消费者的想法为出发点。有学者因此提出4C的概念来辅助原本4P的概念，说明如下：

11.4.1 产品

产品（product）指消费者在使用产品的过程中，有形或无形的相关属性，包括质量、外形、特征、大小、服务、包装、品牌名称等。从4C的观点来看，制造出的产品必须要能依据解决顾客问题（customer solution）的原则，制造出消费者心目中理想的产品。例如，手机上网就是为了满足消费者想随时上网的需求。

11.4.2 价格

价格（price）指用以交换产品所付出的价值数额。从厂商的观点，产品价格的制定与公司的营收有很大的关系，所以必须依照市场大小、成本等考虑因素，订定最有利的价格。从4C的观点来看，厂商必须由消费者认知与需求强度作为顾客成本（customer cost）的基础。例如，崇尚个性品位的消费者会愿意用高价来购买有"设计感"的限量精品。

11.4.3 促销

促销（promotion）指营销者借着沟通的方法传递信息给消费者，以确保产品在消费者心目中的地位，沟通方法包括广告、人员营销、拍卖等。促销的用意是让消费者能够学习到产品的相关特性，并进一步购买产品。从4C的观点来看，沟通的管道与内容必须能够抓到消费者的喜好，做有效的沟通，才能够有效地增加销售量，达成促销的目的。例如，"保证最低价！"的广告词深植民心，想买生活用品又不想花大钱时，屈臣氏早已成为大家的首选。

11.4.4 市场

市场（place）指营销人员把产品送到消费者可以购买的地方，市场的设计与消费者购买的便利性有密切的关联。从4C的观点来看，在生活形态多样化的情况下，改善传统市场让消费者觉得更加便利，才是最重要的。例如，最近便利商店的服务项目越来越多，代收各类款项之外，甚至引进"量贩价"商品，还有宅配送到家服务，这些都是创新的市场设计。

通过本章的介绍，相信读者已了解到市场区隔的重要性，及其与消费者行为的关联性。从完善的市场分析开始，接着进行市场区隔，并依此定位产品，拟定营销组合，营销策略的最后一步便是"执行"。如果市场分析、市场区隔、产品定位与营销组合均有紧密扣连，则策略执行便相对容易。倘若前述诸项分析有所差池，便容易成效不彰。

课堂活动

两性意象与市场区隔

一、目的

（1）探讨大众传播媒体如何建构典型的"男人"和"女人"的形象。

（2）探索自己的性别角色观念如何受到媒体与社会价值的影响。

（3）反省社会化的"男"、"女"性别刻板印象与市场区隔的关系。

二、说明

（1）人数：不限，4～6人一组。

（2）时间：40～50分钟。

三、程序

（1）老师先简介两性的需求及行为表现之差异，常源自性别角色社会化的历程，并强调大众传播媒体在其中的角色与作用。

（2）请每组自选一部电影或电视剧，以此为素材，完成下列各项：

①描述男主角、女主角的个性、典型行为、职业，及在剧中最重要的角色。

②在男主角、女主角的家庭生活中：

谁做决定？大事？小事？

谁是家庭的主要经济来源？

谁做家事？做什么？

谁教养子女？怎么做？

谁照顾长辈或生病的家人？怎么做？

③描述一段最能表现男主角、女主角性格的剧情，其中所反映的"两性观"如何？

④这样的"两性观"是社会上大多数人所认同的吗？

⑤你自己认同这样的"两性观"吗？为什么？

⑥这样的"两性观"会在消费行为上表现吗？怎么表现的？

⑦如果你是营销人员，你会用"性别"当作市场区隔依据吗？如何具体操作呢？

（3）请各组回到大团体中分享讨论心得。

习　　题

1. 市场区隔共有哪四种不同层次？试举例说明。

2. 请列举三项市场区隔的目的。

3. 本章介绍了许多市场区隔的方法，你能想得到使用人口变项区隔、心理统计区隔与使用行为区隔的其他例子吗？请各举一例。

4. 何谓"差异化营销"与"集中化营销"？试举例说明。

5. 请说明"营销组合"所包含的内涵。

12 消费者心理导向的
      商业行为

12.1 心理学在商业行为的应用
12.2 商业行为中的心理学基础

商心开讲

双休日何处去？逛逛大卖场可以消磨时间、免费试吃，又可以用较低的单价补充家庭一周所需的日用品，因此，逛卖场已成为许多家庭假日的必备行程。不知你有没有发现，每每在大卖场排队结账时，总会因为太无聊了，所以随手拿起旁边货架上的口香糖或电池，往购物车上塞。此时，一不小心，你可能就犯了本书开宗明义提到的：消费者常无法区别欲求与需求不同的毛病。怎么会这样呢？

收款机附近所放的货品，总是精巧不占空间，价钱不会太贵，是日常中常会用到却非必要的小东西。商家更有巧思的是，放些有可爱图案的糖果，可以让父母亲随手一拿，安抚排队久按捺不住情绪的小孩，甚至货品所放位置，刚好是小孩坐在推车上即可拿取。无形中，商家趁消费者已经不准备继续消费时再敲一笔，可是消费者却常不自觉，甚至觉得商家太贴心了。也因此，收款机前的柜位常成为不同厂商的"兵家必争之地"。

再换到另一个场景，街角的便利商店，已成为现代人生活的好邻居。

举凡用三餐、喝饮料、急需的日常生活用品，甚至是缴费、买票、网购取货，大家可能都会到便利商店光顾。可是你是否有这样的经验，在某家便利商店绕了三圈，却找不到明明有在卖的东西？这表示该商店的货架摆放让人不易理解，它可能因此，就丧失了一个客户或一笔交易。

上述的例子，都是在说明，除了我们前述的章节外，举凡商品的摆设、陈列、包装、定价甚至购物时的环境等，其实都有学问。对经营者而言，必须从各个细微之处了解消费者的心理，才能投其所好的出奇制胜。对消费者而言，也不能不知道经营者采用的一些"伎俩"，才能当个真正理性的消费者。本书的内容一再强调，所有的商业行为皆以了解消费者行为为基础，才能进而投其所好。而欲了解消费者行为，又以心理学为根本。举凡商品包装与摆设、商品价格、消费环境、商业广告、商业服务、商业工作者应具备的态度与能力，皆与心理学息息相关。本章将分两部分，第一部分再次介绍几个前述章节未提及的重要心理学理论，以及其对经营者所带来的启发；第二部分则描述几个常见的商业行为，并揭示其背后所运用的心理学原理。相信从两个不同的视角交互观照后，读者将更能明白所有商业行为其实都是消费者导向的。

▶▶ 12.1 心理学在商业行为的应用

12.1.1 学习心理学

在本书第 6 章已提到，学习心理学认为人的行为都是习得的。1906年，苏联心理学家巴夫洛夫（Ivan Pavlov，1849 - 1936），以狗作为实验对象，结果发现可以训练狗听到铃声就自动分泌唾液，更证实刺激（铃声）与反应（分泌唾液）之间可以产生联结。联结的机制常被利用在商业行为中，比如商品请的代言人若是万人迷，则消费者容易把对该代言人的喜好与商品联结，所以喜欢该商品。

商心达人　——经营者篇

联结的妙用

高明的超级业务员，经常会利用与顾客一同用餐的"饭局"来进行销售活动。美国人称此为"Lunch Technique"（饭局术）。社会心理学家的研究发现：在享受饮食的心情下，会对正在进行的行动产生好感。研究者募集了216名的大学生，轮流将他们叫进实验室阅读时事评论的文章。在实验室里，学生被分成两组，一组可以边吃点心、边喝饮料，轻松地阅读文章，另一组则禁止饮食。当学生阅读完文章后，依次向他们询问对于刚才所阅读的文章内容理解了多少。结果发现，同样是阅读某篇一样文章，边吃着食物边阅读文章的学生对于文章的理解及赞同度都高于另一组学生。上述研究的机制就在于，边享受饮食边阅读文章时，会将享受饮食的好心情转移到进行的动作上，而对于动作对象或是阅读内容产生好感度。"饭局术"就是利用这样的心理作战，在美味的餐点陪伴下，同时提升顾客对商品或是销售员的好感度，以达到销售目的。

另一个与学习相关的议题是记忆，如果消费者容易记住商品的相关属性，当然能增加其消费行为。一般人都有旧地重游的经验，重回旧地当时的情景，成为唤起回忆往昔的线索。这种加入背景脉络的记忆我们称为"情节记忆"，其中包含了实际经验之下与事物联结而产生的情感上的记忆。

将记忆的特性运用在商业行为上，可发现许多产品若能让顾客看到制作过程，甚至能实际参与，将能提高顾客再次光顾的概率。笔者就曾有一次光顾某知名连锁餐饮集团旗下的铁板烧餐厅，我点的是一道需要用酒调味的料理，主厨一般会搭配点火秀，让来客有一场视觉飨宴。然而，当天的主厨却询问我是否愿意自己点火？于是我参与了自己餐点的料理过程。有了这次经验，我对该餐厅念念不忘，有机会便常带朋友再度光顾。

18 褶小笼包的秘密

几乎已经成为中国台湾门面，观光客来台必光顾的知名小笼包专卖店鼎泰丰，本来只是个卖花生油的店，1970年因为景气不好，而把店面一分为二，找外省师父来做小笼包。从第一代创业者——杨纪华的父亲杨秉彝，压根不会包小笼包。当年家庭式小包子店，到杨纪华接班时，利用科学化管理，发扬光大。2007年，鼎泰丰台北三家店，总计创下新台币8亿元的营业额。迄今（2013年），鼎泰丰共有近百家分店，除了立足中国台湾外，更力图国际化，足迹遍及美国、澳洲、东南亚、日北、韩国及中国。

成功来自于内外兼修：鼎泰丰内场的招牌是小笼包，外场是微笑。

e 化让小笼包更美味

鼎泰丰之所以能被《时代》（Time）杂志誉为世界十大美食之一，杨纪华说"秘诀很简单，就在于好吃"。为了好吃，杨纪华跟大师傅研究出小笼包的皮要打18个褶味道最好；光是台北鼎泰丰三家店加上中央厨房，150位厨师熟练、精准的手感，每天至少包出1500万个有着"18褶、体重21（正负0.2）公克"的招牌小笼包。为了好吃，杨纪华坚持不许预定位子，保证所有人都能吃到最好吃的菜；为了好吃，杨纪华把 e 化观念带进鼎泰丰，也把鼎泰丰的观念带进 e 化。

由于好吃打响了吃名度，鼎泰丰拥有傲人的翻桌率（又称单桌回转率，指在一段用餐时间内，同一张桌子可以换几组客人），信义路上的鼎泰丰本店，假日来客数超过3000人次，翻桌率最高纪录可以到20次，台中鼎泰丰平均也有19次。要有高翻桌率，业者表示"速度最重要"。鼎泰丰为了让客人能最快享用到美食，采用 e 化系统，客人一入座，点完菜3分钟内就能看到菜安稳地在桌前飘着香气。包括客人从在门口排队候位开始，到排位、点菜管理，全部系统化，以加快服务速度。

鼎泰丰的 e 化是这么做的……

（1）餐点管理服务系统，连接外场服务人员和厨房师傅，3分钟内上菜。

（2）PDA点餐，服务人员更能照顾顾客需求。

（3）排位系统方便客人估算候位时间。

（4）进一步规划卫星实时传输的管理系统，随时掌握店内状况。

鼎泰丰的开放式厨房，让师傅的动作在消费者面前一览无余（图片来源：维基共享资源）

服务始终来自于人心

在业绩蒸蒸日上的同时，杨纪华便开始思考，除了"好吃"之外，鼎泰丰还可以再拿出什么来留住人心？鼎泰丰本来就以服务好出名，不过，杨纪华希望能超越标准化的制约反应，让员工从"心"出发，创造出奇不意的感动。因为他要让鼎泰丰做"小吃的精品店"，"服务比五星级饭店还五星级"。于是，因为鼎泰丰生意太好，以前服务人员一忙起来很容易摆臭脸。但现在变了，不仅出菜速度逐渐放慢，还有盘着圆髻、带点淡妆，像空姐般年轻、甜美的服务人员，全天无休地面带亲切笑容，招呼每位来客。

相信，去过鼎泰丰的，除了美食与服务的双重享受外，不会忘了开放式厨房中，师傅们着一身白净的衣裳，专注的眼神为客人精准地捏出18褶的小笼包。望着蒸笼上炊烟袅袅，直到端到自己的桌前，一口咬下时被饱满的汤汁所惊艳，你能不回味无穷？再度光临吗？让顾客看见实际的制作过程，让顾客留下"情节记忆"。成功，贵在精益求精，其实，也是没太多秘密的。

资料来源：①鼎泰丰官网，http：//www. dintaifung. com. tw/tw/default. htm。

②吴昭怡：《降低"翻桌率"，鼎泰丰服务生运动鞋换皮鞋》，《天下杂志》，2008年第391期，取自http：//www. cw. com. tw/article/article. action？id＝34004。

③黄逸华：《e化让鼎泰丰小笼包更美味》，《数位时代》，2002年5月29日，取自http：//mypaper. pchome. com. tw/dc1481010/post/974839。

④陈静宜：《一天19次鼎泰丰"翻桌率"超高》，《联合报》，2012年3月12日，取自http：//udn. com/NEWS/FASHION/FAS5/6955355. shtml#ixzz2MNNolM00。

12.1.2　认知心理学

2002年，瑞典皇家科学院宣称，普林斯顿大学教授凯利曼（Kahneman，1934－）因为"将来自心理研究领域的综合洞察力应用在了经济学当中，尤其是在不确定情况下的人为判断和决策方面做出了突出贡献"，摘得度诺贝尔经济学奖的桂冠。长期以来，正统经济学一直以"理性人"为理论基础，而凯利曼教授等人的行为经济学研究则从人自身的心理特质、行为特征出发，去揭示影响选择行为的非理性心理因素。其实，早在20世纪50年代就有人开始研究行为经济学，但直到20世纪70年代，才由认知心理学家凯利曼以及他的老师塔佛斯基（Tversky，1937～1996）对这一领域进行了广泛而系统的研究。两位学者提出前景理论，把心理学研究和经济学研究有效地结合起来，揭示了在不确定性条件下的决策机制，开拓了一个全新的研究领域。

凯利曼及塔佛斯基访问一群受试者，看他喜欢哪一种选择：稳定拿到手的80美元，或者85%的机会拿100美元，当然，这表示有15%的可能是什么也拿不到，大部分人愿意拿 80 美元。若问另一群人说，他们喜欢肯定赔出 80 美元，或是喜欢 85% 的可能赔 100 美元，这当然表示有 15% 的可能是一分钱也不赔。这次，大部分人宁愿赌一赌，而不愿照赔，尽管一般而言，这场赌局的代价更大。因此他们提出"前景理论"，说明：人在面临获得时，往往小心翼翼，不愿冒风险；而在面对损失时，人人都成了冒险家了。此外，人们在面临获得的时候规避风险，而在面临损失的时候偏爱风险，而损失和获得又是相对于参照点而言的，改变人们在评价事物时所使用的观点，可以改变人们对风险的态度。

凯利曼以及塔佛斯基的研究，即心理学著名的捷思（heuristics）与偏误取向研究，根据捷思的观点，我们的日常推理活动不可能像统计学家那样，进行严谨而耗费心力的计算，而是使用一些简便而通常有效的捷思法。以凯利曼及塔佛斯基的研究为例。实验者播放两段录音给受试者听，第一段录音录的是 19 个有名的男士（如总统尼克松）与 20 个比较不那么有名的女士（如影星娜拉透纳）的名字；第二段录音则录有 19 个有名的女士（如影星伊丽莎白·泰勒）与 20 位较不出名的男士（如国会议员威廉傅尔·布莱特）的名字。受试者的工作是，在听完录音后，判断录音中的人名男士较多，还是女士较多？假如受试者的判断依据的是人数的计算，则他们会说，在第一段的录音中女士多于男士，第二段的录音则相反。然而，实验结果却是，80% 的受试者认为，在第一段录音中，男士多于女士；而在第二段录音中，女士多于男士。此结果恰与实际的计算结果相反，显然支持捷思法的观点。

将前景理论加以延伸，可推知消费者在进行消费行为时，也常使用捷思而非理性的思考。这就让经营者有非常好的立基点，他们只要想方设法让消费者陷入捷思而不自知。其中最广为应用的方式就是"框架效应"（framing effects），它是指同样一个问题，若呈现出逻辑意义相同或相似，但却是不同的说法，则会导致不同的决策判断。换言之，同样的事情，如何"说明"或如何"呈现"就很重要。凯利曼及塔佛斯基曾进行一项研究，他们让大学生在两种解决公共卫生问题的提案中做出选择。这两种办法在数学上是相等的，但"措辞"略有不同。

第一版本是：假设美国正在准备防御一种罕见的亚洲疾病的迅速蔓延，它估计会使 600 人丧生。有人提出了两种方案来对付该疾病。针对这些方案的后果进行的准确科学估计如下：

A 方案，有可能会拯救 200 人。

B 方案，有 1/3 的可能性使 600 人全部获救，也即有 2/3 的可能这 600 人一个也救不了。

你喜欢哪一种方案？

第二个版本的故事和前面一样只是措辞略有不同：

C 方案，400 人会丧命。

D 方案，有 1/3 的可能性是没有人会死去，但有 2/3 的可能是 600 人全部死去。

你喜欢哪一种方案？

参与研究的大学生对这两个版本的问题反应差别极大：在第一版本中，72% 的人选择方案 A 而不是方案 B；但第二版本中 78% 的人选择方案 D 而不是方案 C。凯利曼及塔佛斯基的解释：在第一版本中，结果是以获取（拯救的生命）来描述的，在第二版中是以损失（损失的生命）来描述的。

因此，当 10 件货品卖出了 8 件，售货人员不会说："已售 8 件，欲购从速"，而会说"最后 2 件，要买要快"；不过，如果是货品已销售 70%，可能会改说："感谢各界响应，已热销七成"，而不会说："最后三成，要买要快"。又如同样是打九折，相较于"原价 2000 元，折扣后只要 1800 元"，"消费满 2000 元，可兑换 200 元现金券，多买多赚"似乎更为诱人。也因此，近年来百货公司周年庆常使用满千送百的营销手法。

商心达人——消费者篇

你被谁了吗

根据前景理论及框架效应，我们已知道，原来话如何说会有很大的差别。学者也研究了怎样公布好消息和坏消息。如何发布消息甚至可以影响股市的走势。如果说一家公司要向它的股东/股票持有人公布一项好消息，那么以什么样的方式公布这个好消息才能使它产生最积极的效果呢？如果要公布的是一项坏消息，公司又该如何做才能最大限度地减少这个消息的不利影响呢？

学者赛勒（Richard Thaler）即提出下列四个原则：

（1）如果有几个好的消息要发布，应该把它们分开发布。比如假定今天公司发了红利奖金1万元，而且你又对中发票1万元，那么你应该把这两个好消息分两天告诉你妻子，这样的话她会开心两次。根据前景理论，分别经历两次获得所带来的高兴程度之和要大于把两个获得加起来一次所经历所带来的总的高兴程度。

（2）如果有几个坏消息要公布，应该把它们一起发布。比方说如果你今天开车跟人家擦撞，要赔偿1万元，还不小心把你妻子送你的价值1万元的手机弄坏了，那么你应该把这两个坏消息一起告诉她。因为根据前景理论，两个损失结合起来所带来的痛苦要小于分别经历这两次损失所带来的痛苦之和。

（3）如果有一个大大的好消息和一个小小的坏消息，应该把这两个消息一起告诉别人。这样的话，坏消息带来的痛苦会被好消息带来的快乐所冲淡，负面效应也就少得多。

（4）如果有一个大大的坏消息和一个小小的好消息，应该分别公布这两个消息。这样的话，好消息带来的快乐不至于被坏消息带来的痛苦所淹没，人们还是可以享受好消息带来的快乐。

此外，例如年底公司要会发放奖金给员工时。假设有两种选择：一种是发放2000元现金给员工；另一种是发给员工两张知名餐厅的餐券，价值2000元。哪个比较好呢？直觉上似乎前一种更实惠，若让员工选择，多数人也会选择第一种方式。但在实验上发现，若把员工分成两组，分别得到其中一种奖励方式，而且他们不知道另一组所获的奖励，则结果是拿到后一种奖励（2000元餐券）的员工在多年后还会津津乐道谈起此事。而此长久的快乐记忆，才有助于增强员工的凝聚力，让员工愿为公司效力。

同样的道理用在给员工的薪酬上也是很有用的。假定你是一家公司的老板，你有两种支付员工薪水的方式？一种方式你可以给员工支付定额的高薪；另一种方式你可以给员工相对低一些的工资，但是时不时给他们一些奖励。客观来讲，你的公司第一种方式花的钱更多，但你的员工会在第二种方式中更高兴，公司花的钱还更少！不过，当然相对低的薪资在同业仍需有竞争力，不然面对同行的高薪挖脚，员工可能就会选择跳槽。

现在，身为消费者的你，应该知道原来很多话是可以经过包装，让人有那么多不同的感受。恭喜你，学会说话的艺术了，但同时也请想想，有多少时候，你已经被"诓"了呢？

12.2 商业行为中的心理学基础

本章的前半部分谈了许多消费者心理学如何应用到商业行为上，其实从另一个角度来看，日常生活中的很多商业行为，也处处可见心理学的基础。接下来，我们将从产品及营销两大方面来举一些实例说明。

12.2.1 产品与消费者心理

在商业行为中，广义的产品（product）可泛指任何提供消费者或引起注意、获得、使用，以及消费的物质、想法、地方、组织或人物，并可满足消费者需要与欲望。在这个过程中，服务（service）也是产品的一种形式。以下将举例说明产品包装、定价及服务等商业行为中，所运用的心理学基础。

12.2.1.1 包装与消费者心理

包装（package）是产品的外层包裹或容器；包裹或容器上的图案与文字也是属于包装的一部分。涉及消费者心理的包装可能有：

（1）方便性。消费者都是有惰性的，同样的商品，会以方便使用为第一考虑。因此，像易拉罐、可收折叠的包装设计，就是为了让消费者方便使用。

（2）信息性。包装上的图案与说明传达产品信息，如成分、使用方式、安全须知、制造与到期日、服务电话等，若能用明显易懂的方式，且能传达消费者要的信息（如卡路里等），则可增加消费者购买意愿。

（3）环保性：在环保意识当道的现代社会，产品包装若能强调可折叠，例如利乐包，可重复使用，或者包装可天然分解，不留下化学残留物，都可增加消费者对产品的喜好度。

（4）美观性。包装的外形、材料、设计等，也可设计来争取消费者好感、提升产品形象。例如以粉色系的包装争取年轻女性的青睐；喜庆礼品的包装以红色系为主，以配合及塑造喜气洋洋的气氛；格纹包装可能增添贵族气。

12.2.1.2　定价与消费者心理

价格（price）是消费者购买产品或服务时所支付的金钱数目，它几乎是消费者选择产品时的最主要决定因素。然而，一项产品是否让消费者觉得物超所值，则取决于消费者的心理知觉。消费者对任何产品都会做出价值判断："这东西有多好？值多少钱？"因此，两个同样的产品若是不同品牌，消费者的认知价值就有差异；同样的产品在不同等级的商店销售，消费者愿意付出的价钱也会有所不同；同样的产品，广告诉求或包装不同，身价可能马上改变。因此，经营者常需要观摩消费者对价格的知觉，来一场心理游戏大战。

如果现在有两组商品，一组的价格是每个5000元，共50个，另一组是每个1万元，共20个，你会先陈列哪一种商品？还是一起呈现？答案是一起呈现，因为同时看过两样商品后，5000元的商品会带给消费者更强烈的价格低廉感。同样的道理，当餐厅提供普通、高级以及特级三种便当，则大多数的顾客都会选择介于中间的高级便当。换言之，经营者会在主要商品的之上及之下各推出不同的产品，让消费者在有强烈对比之下，选择主力商品。

除此之外，常用的定价策略还有：

（1）超值定价（value pricing）。家乐福的"天天都便宜"、灿坤3C的"挑战南台湾第一便宜"、屈臣氏的"买贵退差价"都是属于这种方法。目的是在让消费形成物超所值的既定印象。这么一来不但可以减少广告支出，对消费者而言，也减低了信息搜寻、货比三家所花的成本。

（2）畸零定价（odd pricing）。即非整数定价，而是以结尾非零的数字来定价，主要目的是让消费者在心理上将价格归类在比较便宜的区间内。例如，知名服装业者所推出999元的优惠组合，会让顾客觉得千元有找，真划算。

12.2.1.3　服务与消费者心理

服务除了一般所知的服务人员外，还包括实体环境及服务过程的感受。在消费者权益当道的商业环境下，各行各业几乎都已成为服务业。

在服务别人时，总是被教导："客户永远是对的。"因此，服务人员在与消费者互动时，一举一动都可能攸关消费行为的结果，小则是购买与否，大则是诉讼甚至是发起网友抵制，因此经营者无不重视内部员工的训练。不过，与顾客互动时，除了顾客的要求、表情外，员工本身的心理素质、内外在反应及应变能力等也都会影响服务人员的质量。因此，入行的教育训练就显得格外重要，必须要让服务人员以正确的心态、恰当的行为以及专业知识来因应各种顾客反应。大体而言，针对服务人员的训练应有以下的重点：①专业性（能够提供正确且标准化的服务）；②应对性（能以适切的方式与顾客互动及给予正确的回应）；③亲切性（须容易亲近、笑容可掬并能关怀客户）；④抗压性（工作难免有压力或情绪，服务人员应能有自我抒压的方式）。

服务的实体环境包含设施、气氛及标示指引，这些项目影响消费者在服务场所中的感受、行为，甚至是健康与安全，以及他们对服务的印象。从五感的角度来说，消费者的视觉、听觉、嗅觉、触觉及味觉都需顾及。因此，举凡装潢、服装给的视觉感受；服务人员的声音、店内播放的背景音乐；店内的气味、厕所的清洁度；产品触摸的感觉、桌椅的舒适度；以及茶水的口感或食物的美味程度，都需要面面俱到。

服务过程则是最难拿捏的，因为需要在适当的时刻提供适当的服务。且这个过程很可能因人而异，针对不同的消费者，需提供不同的服务。因此，服务人员的应变能力及同理心就显得格外重要，才能即时察觉客户的需求，并加以满足。此外，若能有同事或督导在现场加以提点，给予机会教育，也能让服务人员提升服务过程的质量。

12.2.2 营销与消费者心理

营销是指将产品通过某些策略或方式，使其能成功销售出去。广义而言，任何与消费者接触的企业相关物品或行动，都算是营销的一部分，例如名片、货车、产品包装、年度报告、员工制服、来宾纪念品、服务现场的桌椅、电话音乐与留言等。具体而言，营销可通过有技巧的商品陈列、促销手法或广告来达到目的。

12.2.2.1　商品陈列与消费者心理

先前我们说明服务的重要性即提及服务时的实体环境也是攸关消费者满意与否的重要一环。因此，对餐饮业而言，菜单的呈现、桌椅的摆放、装潢布置、餐具设计甚至餐点摆盘等，都需经心设计，以博取消费者欢心，或至少不让消费者嫌恶。对于店内陈列许多商品的商家，摆放的方式更是大有学问。其中会参考到的原则可能有：

（1）安全合法。商品摆放要考虑货架的承重能力，轻小的商品放在货架的上方，较重、较大的商品放货架的下方等。易碎的商品，不宜堆放高处。逃生位置前不能堆放物品，警示标志要清楚，消防安检要确实。由于消费者关于自己权益的法治意识抬头，因此，店家的摆设若不安全甚至不合法，将会降低消费者来店的意愿，严重者还可能挨罚，进而影响商誉。

（2）分类有据。商品的数量足够多时，一定要分类摆放。且分类的依据应以消费者的考虑为最高指导原则，而非店家方便管理。例如，衣服可以用颜色分类，可是对消费者而言，想购买服饰时，通常是设定了今天想买什么。例如今天想买一件衬衫，则进入店家时，会直接去看衬衫的柜位。若衬衫分散在多处，对消费者而言就显得不方便。至于卖场，更需要把同类的物品放在同一牌架位，并加以标示，让消费者一目了然。好的分类是能激发顾客购买 A 商品的同时，又购买了相关联却在计划外的 B 商品，甚至 C 商品。如买早餐饮品时，可能旁边就是果酱或糖包与奶精。

（3）方便贴心。为顾客着想的店家，永远是受欢迎的。因此，上架的货品需考虑消费者的个别需求。例如，儿童零食或玩具要放在低一点的架位，让他们能看到甚至拿到；婆婆或妈妈常用的物品也要考虑她们的身高及视线摆放物品。同类物品要放在一起方便消费者比较。在标示上，也可能帮忙计算每项产品的同单位价钱，方便消费者比价。其他体贴的设计包括在女性卫生用品的架位旁放置纸袋，以增加隐秘性；在生鲜食品区，放置拿取工具或供顾客洗手的设施，让顾客不会因为担心弄脏手而不挑选；在特殊节日，可以把消费者可能用到的商品集中，以方便购买。比如，中秋节家家户户疯烤肉时，可以把需要用到的烤肉架、木炭、烤网、烤肉酱、免洗餐具、垃圾袋、饮料等独立成特区摆放，将会增加消费者的购买品项及满意度。

（4）热位热销。商品陈列须有弹性，对于热销的商品，给予较大的空

223

间，较好的位置。进货也要实时，让货源充足。正如同商家喜欢抢黄金三角窗店面或捷运店面以增加人流一样，架位也有位置的好坏。消费者容易经过、停留、视线所及的位置，就是好位置。店家应善用这些位置，摆放消费者喜爱且容易拿取的商品。当然，店家也应花些巧思经营每个架位的特色，以吸引消费者注意，提升消费力。

商心达人 ——消费者篇

日常生活里的大学问

便利商店几乎已经成为大家生活的好邻居了，可能你家附近巷口，左边就是 7 - Eleven，右边就是全家，对面还有莱尔富。你喜欢去哪一家呢？除了每家便利商店可能有不同的独家商品，不同的促销活动，以及距离远近外，你可能没发现，常去的那家是让你觉得"舒服"的。一家便利商店，要让人觉得"舒服"，其实，店长需花很多心思去经营规划。究竟，他们如何在这么有限的空间里，塞满各种物品提供民众日常生活所需，却又能有条不紊呢？关键就在精密的分类原则。

便利商店的分类原则，可从大到中到小原则。大分类原则通常依商品的特性来划分，如生产来源、生产方式、处理方式、保存方式等，类似的一大群商品集合起来作为一个大分类。例如，熟食、冰品、饮品等。大分类完，要对同一个大分类再做中分类。中分类的分类原则：

（1）依商品的功能、用途划分，依商品在消费者使用时的功能或用途来分类，比如熟食可分早餐、午晚餐或消夜，也可以按季节来分类。

（2）依商品的制造方法划分。比如熟食可分需不需要微波，或者是易拉罐还是其他包装的。泡面也可分碗装或塑料袋包装。

（3）依商品的产地来划分。在经营策略中，有时候会希望将某些正流行的商品加以突出，譬如产地直送的产品，或进口的潮流商品。

在中分类之后，甚至可以再用更小的分类。比如，同样是果汁，可以依容量大小，或成分 100% 的果汁分类。碗装泡面也可以分面类、米粉或冬粉，以及牛肉、海鲜口味等。

224

便利商店商品分类大学问（图片来源：维基共享资源）

有了上面的叙述之后，你有没有觉得，原来一家便利店能让你觉得逛起来方便、舒服，是店长用心经营的结果。反之，若物品乱堆或因搞不清楚分类而不容易找到，则消费者下次可能不会想再光顾。

12.2.2.2 促销与消费者心理

促销（promotion）是将组织与产品信息传播给目标市场的活动，它的主要焦点在于提醒、告知或说服消费者，以利于品牌经营及营销目标的达成。要让促销发挥最大效益，除了掌握促销的手法及技巧外，选择对的市场及适切广告，也是成功的关键。

促销对消费者诱因是感觉赚到了。经营者以类似给予红利或奖励的方式吸引消费者，作为购买的回馈。就短时间而言，消费者会改变对产品价钱和价值原先的知觉，感觉获得额外利益或减少支出。但由于促销属短期性质，因此消费者会被迫在短期内完成购买决策。

促销有许多种方式，依不同的目的或产品特性，可以有不同的促销方式。例如免费试用、折价券、加量不加价、加1元多1件等。这些促销方

225

式须通过适度的传播，如广告或人员说明、发传单、网站公告等方式，让消费者知道产品提供什么优惠、买到便宜多少、何处可购买、何时截止、如何购买等信息。

商品在促销期间，选择的市场也应依商品特性加以铺货。如果是卫生纸或暖暖包这样的便利品，价格不贵，对消费者而言风险不高，涉入程度很低，则不想花费太多时间与精力采购。此时会希望能就近购买，可能就要采密集式配销（intensive distribution）。比如"全省便利商店均有贩卖"。但若是家电、服饰等选购品，消费者的涉入程度属中等，因为开店陈列商品的成本高，就不可能密集铺货，因此多采选择式配销（selective distribution），也就是在一个销售区域内有几个中间商。至于单价更高的汽车、珠宝等精品，由于消费者的涉入程度很高，对商品与服务的质量要求也较高，也愿意花费许多时间与精力购买。此类产品则采取独家式配销（exclusive distribution），也就是在各个销售区域只有一家或极少数几家零售商。且零售商所在的位置也常是知名百货公司或都市的黄金地段等，店面的装潢也需精心设计，有独特的风格。

商心达人 ——经营者篇

无心插柳柳成荫？成功绝非偶然

2013年，导演李安以《少年PI的奇幻漂流》一片获得美国奥斯卡金像奖最佳导演奖，成为"台湾之光"。在另一个小角落，也有一个医美保养品牌，让亚洲最大美妆市场——莎莎国际掏钱入股，又出力打进东南亚市场，成为"台湾之光"，那就是由两位中国台大化工宅男博士所创立的品牌——Neogence（霓净思）。

2002年，霓净思的两位创业者——德典生技总经理谢玠扬与副总经理蔡松儒，都还是中国台大化工系的博士班学生。当时中国台湾保养界兴起DIY风潮，蔡博士的妈妈，看到当时的报道后，对蔡博士说："你们两个学生技的，应该也会做吧？调一瓶来帮妈妈解决黑斑问题吧！"于是，谢博士、蔡博士跟实验室的学弟妹，从8位亲朋好友集资的2400元，买了滴管及左旋C粉末，调出了第一批"左旋C美白原液"，分赠亲朋好友试用。

226

后来又帮学妹调制保湿原液，没想到从此自中国台大校园内打开了知名度，让同学、房东甚至医学系同学都成了拥护者。就这样，2005 年，两位博士毕业后，与一位医师及一位药师携手，创立医美品牌 Neogence（霓净思）。

Neogence（霓净思）推出男性独特保养需求的系列产品

（图片来源：www. neogence. com. tw）

虽然在学校爆红，但步出校园后，真实的创业生活，才是困难的开始。公司成立后整整一年半，在市场没有名气的霓净思，尝试接触了当时所有的美妆网站与实体市场，却全都石沉大海。打开困局的，是 2006 年底 PayEasy 好不容易才给的一次机会，谢玠扬孤注一掷，打出低价、大量的试用号召，卖 1 元新台币、10 元新台币的试用品组合，而且一给就是 7～14 天的用量，"我就是要让消费者试到有感觉！回头来买产品。"谢玠扬说。短短 3 个月，霓净思营收就冲破百万元，速度之快创 PayEasy 纪录。

虽然网络销售的毛利率高达七成，但更贴近消费者的实体市场才是最后决战点。2008 年，谢玠扬锁定台湾中型却是亚洲规模最大的莎莎国际市场，先以寄卖、自己备库存，而非业界惯用的卖断方式取得合作机会。双方合作第一年，霓净思的品项就从 7 个增加到 30 个，成为莎莎在新加坡、

227

马来西亚、中国香港100多个据点中，销售第一的中国台湾医美品牌。

从中国台大校园里意外爆红，到进军国际、挑战中国市场，霓净思成立第8年，2013年挑战末端销售额跳增至17亿元新台币，这最大的难关，比的不仅仅是产品力，更大的考验是市场经营能拿到多好的壁柜位置。壁柜位置是指贴墙面、上有品牌的整面柜位，其营收几乎是非壁柜的3倍以上。由此可见，成功除了有好的产品、好的策略及好的方法外，通过让消费者试用、打进实体市场、抢攻好的壁柜等贴近消费者的做法，才是成功的不二法门。

资料来源：①霓净思 neogence 官网，http：//www. neogence. com. tw/index. php。

②王毓雯：《台湾宅男创的保养品牌星马热卖》，《联合新闻网之联合书报摊》，《商业周刊》，2013 年第 1316 期，取自 http：//mag. udn. com/mag/newsstand/storypage. jsp? f_ ART_ ID =440609。

12. 2. 2. 3　广告与消费者心理

本书在各章节中常举知名的广告为例，说明一支成功的广告为企业带来的效益可能是原先销售额的一半以上。可见广告对消费者的认知、态度与购买意愿有非常重要的影响。好的广告绝对需要捉住消费者的心理，知道如何吸引注意，与此产品产生联结，才能进而增加消费行为。

不过，广告媒体其实很多元，平面、电子（电视）及网络上的广告可能都有不同的阅听众，即代表着不同的消费族群。因此，选择媒体时也应多方考虑，才能投其所好。举凡平面广告的文案、图像、代言人等，或电视广告的背景音乐、口白、代言人等都是重要的元素。甚至是广告的排程、媒体的选择、媒体内容的选择、广告在媒体上的呈现方式、如何整合其他传播方式等因素，都是广告成功与否的关键。举例来说，广告主若希望广告为感性诉求，可通过声音、影像或文字的方式；若希望以声音来传播，广告主可选择广播、电视等媒体；若希望以影像的方式来传播，则可选择电视媒体。代言人的选取也应贴近目标族群，不能喧宾夺主，让人忘了目标产品为何。例如，找了国际知名模特儿，拍了出浴镜头要推销沐浴乳，结果可能因为太抢眼，反而让人只记得广告却忘了商品本身。此时，加入一句口号提醒消费者目标产品为何，就非常重要。拜偶像剧产业化所致，当今商品也有另一种特别的广告手法叫产品置入（product placement），即一般所知的置入性营销。它是指厂商付费将自有品牌的产品放入电影或电视节目中，让观众在欣赏节目之余，顺便注意到自家的产品，以增加观众的消费行为。举凡戏剧中如主角开的车、用的手机、戴的手表，以及节目中的片头曲、片尾曲及配乐，节目制作人都可以卖广告给特定商家。就经营者而言，他们也知道当一部戏剧的收视率高时，主角所使用的物品常会在戏剧播出后有高度的询问率。因此，与其被动被询问，不如主动出击，与各影视剧组签约独家赞助，一旦戏剧推出并大红大紫，自家的产品也会跟着水涨船高，拥有知名度。

商心达人——消费者篇

你从众了吗

一、目的

（1）了解从众行为的普遍性。

（2）了解从众所产生的不理性消费。

二、说明

（1）人数：不限，6 人一组。

（2）时间：约 30 分钟。

三、程序

（1）老师先说明心理学古典从众实验的内容，如下：

从众是指个人在社会压力下，弃守己见而与团体成员表现相同的行为。一般人在不确定的情境之下，比较容易表现从众行为，也比较容易跟从地位高的人，此外，在自己熟识的团体中，更容易与他人一起表现出盲目的从众行为。事实上，日常生活中，消费者的很多行为，其实都是从众的反应。心理学家艾许（Solomon Asch，1907~1996）曾经做了一个实验，证明人的从众行为。受试者为 7 名大学男生，实验时受试者围着一张长型桌子而坐，桌前放置实验图形（见下图），要求受试者在下图右边的三条长度不等的垂直线中，选择一条与左边标准线一样长的直线。每名学生选完之后，就大声说出答案。事实上，这 7 人中，只有 1 人是真正被捉来做实验的小白老鼠，他被安排坐在倒数第二个位置，其余6人均为事先安排好的实验同谋。同谋者在实验第一回合与第二回合皆做正确的回答。到了第三回合时，前5人故意异口同声地回答了某个不正确的答案。如果你是第6个人，你应该怎么办？在艾许的实验中，在多次测试下，多数人会产生从众行为，只有不到1/3的人可以一直坚持自己的答案而不从众。

 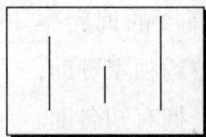

标准线段　　　　比较线段

（取材自 Asch，1995）

（2）请学生先分组，先就下面的情形，逐题票选全组最多人从众的情形。

课堂活动

你从众了吗

下面列举一些常见的现象，你可以看看自己是不是会这样，测试自己的从众倾向。

（1）今天中午好想吃炒饭，可是大家都提议要吃拉面，只好吃拉面啰！

（2）同学都在讨论某部偶像剧，我也来看看好了。

（3）脸书中某个游戏好多人玩，应该很好玩吧！去玩玩看。

（4）今天要去哪聚餐？搜寻一下网络上的人气美食餐厅吧！

（5）每次经过这家店都大排长龙，东西一定很好吃，不如买来吃看看。

（6）公司同事上班都穿得很随便，我也可以穿休闲一点。

（7）大家都用智能型手机，我也要！

230

（8）毕业后不知道要从事什么行业，大家都继续念硕士，那我也念吧！

（9）请每组再另想两个日常生活中，从众的消费行为。

（10）组员间先轮流分享，自己觉得这些行为从众吗？为什么？

（11）请组员再进一步讨论，若不从众会如何？

（12）老师请每组派代表分享讨论过程中的发现，并思考其中哪些是不理性的消费行为。

习　题

1. 请简述学习心理学在商业行为上的应用，并举一例说明。

2. 何为前景理论？请简述其内涵及在商业行为上的应用。

3. 基于对消费者心理的了解，市场设计时需要考虑的因素有哪些？又该如何选择合适的市场？

4. 请简述影响广告成效的因素。

参考文献

1. W. C. Kim & R. Mauborgne：《蓝海策略》，黄秀媛译，《天下文化》，2005。

2. 陆洛、高旭繁：《消费者行为》，沧海书局，2005。

3. Strauss，A. & Corbin，J. ：《质性研究入门—扎根理论研究方法》，吴芝仪、廖梅花译，涛石（1998）。

4. Lamb，Charlies W. ，Jr. ，Joseph F. Hair，Jr. and Carl McDaniel，Marketing，Fourth ed. ，Cincinnati，Ohio：South – Western College Publishing，1998.

5. 徐达光：《消费者心理学》，东华书局，2003。

6. Howard，J. A. and J. N. Sheth. The Theory of Buyer Behavior，New York：John Wiley and Sons，1969.

7. 《W Hotel 潮气台北》，摘录日期：2012 年 12 月 20 日，取自 http：//orientaldaily. on. cc/cnt/lifestyle/20110812/00294_ 001. html。

8. 戴尔公司声明稿，戴尔公司 7/2 声明稿（针对在线价格标示错误之事宜），检索日期：2012 年 12 月 19 日，取自 http：//sinwen. com/？ p = 3618。

9. 大润发官方网站：《卖场信息》，检索日期：2010 年 11 月 19 日，取自 http：//www. rt – mart. com. tw/store. asp？ fno = 55&no = 65。

10. 好市多中国台湾官方网站：《认识好市多》，检索日期 2010 年 11 月 19 日，取自 http：//www. costco. com. tw/costco. htm。

11. 吴怡萱：《好市多营收成长 2 成的秘密》，《商业周刊》，2008 年第 1093 期，第 68 页。

12. 家乐福官方网站：《分店信息》，检索日期 2010 年 11 月 19 日，取自 http：//www. carrefour. com. tw/store/store01. asp。

13. 张春兴：《张氏心理学辞典》（第二版），东华书局，1991。

14. 滕淑芬：《家乐福、COSTCO、TESCO、大润发——大卖场超级比一比》，检索日期 2010 年 11 月 19 日，取自中国台湾光华杂志 http：//www. taiwan－panorama. com/index. php。

15. 陈芳毓：《信义房屋董事长周俊吉的"信任学"3 堂课》，《经理人月刊》，2010 年第 66 期，第 106－111 页。

16. Engel, J. F. , Blackwell, R. D. , & Kolat, D. T. Consumer Behavior (4th ed.) . Orlando：Dryden Press, 1982.

17. Assael, H. Consumer Behavior and Marketing Action （6th ed. ） . Cincinnati, OH：South Western College Publishing, 1998.

18. Assael, H. Behavior and Marketing Action, Boston：Kent Publishing Company, 1987.

19. 张春兴：《现代心理学》，东华书局，1991。

20. 联合晚报：《穿吴季刚设计礼服酷酷嫂有时尚 fu》，检索日期：2010 年 11 月 19 日，取自 http：//times. hinet. net/times/article. do？newsid = 4049981&isGraphArticle = true&option = politics。

21. Burnkrant, R. E. , & Cousineau, A. Information and normative social influence in buyer behavior, Journal of Consumer Research, 1975, 2, 206－215.

22. Soloman, M. R. Consumer Behavior, 4th Ed. Prentice－Hall International, Inc, 1999.

23. 中国台湾当局主管部门：《1998 年台湾地区人零岁平均余命估测结果》，检索日期：2010 年 1 月 21 日，取自 http：//www. moi. gov. tw/stat/news_ content. aspx？sn = 3754。

24. 尤子彦：《跨国策略该一致或在地化?》，《商业周刊》，2010 年第 1202 期，第 30－32 页。

25. 王月魂：《女人撑起半边天：亚洲女性消费力报告》，《财讯》2007 年第 8 期。

26. 林静雯：《好用又免费，合购网人气夯，年成交金额破六亿》，《理财周刊》，2010 年第 491 期，取自 http：//mag. chinatimes. com/magcnt. aspx？

artid＝2878&perid＝1371。

27. 徐达光：《消费者心理学》，东华书局，2003。

28. 张春兴：《张氏心理学辞典》，东华书局，1989。

29. 黄靖萱、王晓玫：《生活产业在开花，台湾下一波竞争力》，《天下杂志》，2009 年第 421 期，取自 http://www.cw.com.tw/article/index.jsp? id＝37578。

30. 卢昭燕：《团购雄兵，免费当企业活广告》，《天下杂志》，2009 年 423 期，第 62－65 页。

31. Hofstede G. National Cultures in Four Dimensions. International Studies of Management & Organization，1983 年，13，46－74。

32. Schiffman, L. G. & Kanuk, L. L. Consumer Behavior（9th Ed.），Englewood Cliffs, NJ：Prentice Hall, 2006.

33. 彭芃萱：《你不知道的 3M》，商周，2010。

34. 石学昌译：《图解营销心理学》，世茂，2006。

35. 周宗兴：《搞笑营销学》，馥林文化，2009。

索　引

cultural transition　文化变迁　248

culture lag　文化滞迟　245

culture　文化　244

customer solution　解决顾客问题　290

customer – orientation　顾客导向　24

D

demographic characteristic　人口学变项特征　276

differential marketing　差异化营销　286

differential threshold　差异阈　115

direction　指引方向　138

disclaimant group　规避团体　226

dogmatism　教条主义　95

drive theory　驱力理论　65

E

elaboration likelihood model，ELM　推敲可能模式　155

elderly people　银发族　253

emotional appeal　感性诉求　158

encoding　编码　153

enculturation　文化传承　245

energizing　产生能量　138

esteem needs　自尊需求　68

ethnocentrism　我族中心主义　249

evaluation of alternative　方案评估　20，201

evoked set　唤起集合　201

exclusive distribution　独家式配销　312

expectancy disconfirmation model　期望失验模式　205

expectancy value theory　期望价值理论　66

extensive problem solving　复杂性问题解决　192

F

G

H

I

F

反应 139

访问调查法 47

非补偿性决策法则 202

逢迎 218

复杂型决策 195

G

个案研究法 52

个人动机 120

个人期望 120

G

功能性动机 72

购后处置 20

购买选择 20

观察法 50

规范性消费信念 168

H

互惠 219

J

家庭生命周期 278

价值观与生活形态区隔 282

交叉区隔 281

经验性消费信念 168

K

跨文化消费者研究 256

本书中文简体版由前程文化事业有限公司授权经济管理出版社独家出版发行。未经书面许可，不得以任何方式复制或抄袭本书内容。

北京市版权局著作权合同登记：图字：01 - 2014 - 4243 号

图书在版编目（CIP）数据

商业心理学：商场上的读心术/陆洛，高旭繁著 . —北京：经济管理出版社，2014. 6

ISBN 978 - 7 - 5096 - 3068 - 6

Ⅰ. ①商…　Ⅱ. ①陆… ②高…　Ⅲ. ①商业心理学—通俗读物　Ⅳ. ①F713. 55 - 49

中国版本图书馆 CIP 数据核字（2014）第 075528 号

组稿编辑：陈　力
责任编辑：杨国强
责任印制：司东翔
责任校对：陈　颖

出版发行：经济管理出版社
　　　　　（北京市海淀区北蜂窝 8 号中雅大厦 A 座 11 层 100038）
网　　　址：www. E - mp. com. cn
电　　　话：（010）51915602
印　　　刷：北京银祥印刷厂
经　　　销：新华书店
开　　　本：787mm × 1092mm/16
印　　　张：16. 75
字　　　数：265 千字
版　　　次：2015 年 11 月第 1 版　　2015 年 11 月第 1 次印刷
书　　　号：ISBN 978 - 7 - 5096 - 3068 - 6
定　　　价：49. 00 元